TOUS LES ENFANTS DU MONDE ont les mêmes droits !

En association avec l'
unicef
Fonds des Nations unies pour l'enfance

GALLIMARD JEUNESSE

POUR L'ÉDITION ORIGINALE :
Conseiller de l'Unicef à New York
Arati Rao
Responsable éditoriale
Amanda Rayner
Responsable artistique
Claire Penny
Édition Zahavit Shalev
Maquette
Laura Roberts et Venice Shone
Recherche Lisa Magloff
Assistant graphisme
Abbie Collinson

Conseiller graphique
Jane Bull
Direction éditoriale
Sue Leonard
Direction artistique
Cathy Chesson
Éditeur en chef
Mary Ling
Iconographie
Angela Anderson et Sarah Pownall
Fabrication
Silvia La Greca Bertacchi et Shivani Pandey
PAO Almudena Díaz

POUR L'ÉDITION FRANÇAISE :
Responsable des documentaires Thomas Dartige
Responsable éditorial Éric Pierrat avec Clotilde Grison

Adaptation & réalisation
ML ÉDITIONS, Paris
sous la direction de Michel Langrognet
Traduction
Sabine Wyckaert-Fetick
Édition & PAO
Anne Papazoglou-Obermeister
Correction
Christiane Keukens-Poirier

Toutes les cartes de ce livre sont des représentations artistiques.
Elles ne reflètent en aucune manière une position de l'Unicef ou de l'éditeur sur le statut légal d'un pays, d'un territoire ou encore sur le tracé d'une frontière.
Les pointillés indiquent de manière approximative la ligne de partition au Jammu et au Cachmire reconnue par l'Inde et le Pakistan. Le statut définitif de ces deux régions n'a pas encore fait l'objet d'un accord entre ces deux États.
Les chiffres présentés dans cet ouvrage sont à jour pour l'année de parution.

ISBN 2-07-055560-7

Dépôt légal : septembre 2003
n° d'édition : 123024
Loi n°49-956 du 16 juillet 1949
sur les publications destinées à la jeunesse

Photogravure : GRB Editrice, S.r.l., Vérone
Imprimé et relié par Mondadori Printing S.p.A., Vérone, Italie

unicef

Fonds des Nations unies pour l'enfance

Nou, Ivana, Mayerly, Arif, Sbongile… sont les héros
de *Tous les enfants du monde ont les mêmes droits !*
Ils sont les représentants de centaines de millions d'enfants qui aspirent à grandir
dans un environnement que l'Unicef souhaite le meilleur possible.
Leur bonheur dépend du respect de la Convention internationale relative
aux droits de l'enfant, droit à une identité, droit à la santé, droit à l'éducation,
droit à la protection contre toutes les formes de violences…
Des droits souvent bafoués : 40 millions d'enfants ne sont pas enregistrés
à la naissance, victimes potentielles de trafics, 120 millions ne vont pas à l'école,
des dizaines de millions d'autres travaillent, parfois dans des conditions
dangereuses, d'autres encore ne mangent pas à leur faim,
n'ont pas accès à des centres de santé.
Survivre, apprendre et jouer, se sentir en sécurité, participer…
Les quatre grands chapitres de ce magnifique ouvrage sont autant
de fenêtres ouvertes sur la diversité des conditions de vie des jeunes
qui peuplent notre planète. En lisant cet ouvrage, vous verrez
qu'ils ont tous la même capacité à sourire et à rire ;
encore faut-il leur en donner les moyens !
L'Unicef agit chaque jour pour construire un monde meilleur
pour et avec les enfants. Notre devise, « Pour chaque enfant,
santé, éducation, égalité, protection…
faisons avancer l'humanité », trouve ici tout son sens.

Jacques Hintzy
Président de l'Unicef France

L'Unicef

L'Unicef s'est donné pour mission de créer les conditions permettant aux enfants de vivre heureux, en bonne santé et dans la dignité. Toute l'action de l'Unicef est guidée par la Convention relative aux droits de l'enfant adoptée le 20 novembre 1989. Cette action consiste en programmes visant, d'une part, à améliorer la santé et l'éducation des enfants et, d'autre part, à les protéger de la violence, de l'exploitation ou des catastrophes.

www.unicef.fr

1. Survivre

2. Apprendre et jouer

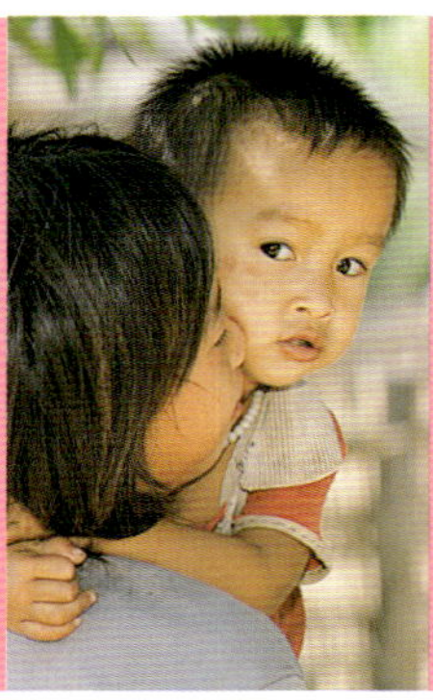

3. Se sentir en sécurité

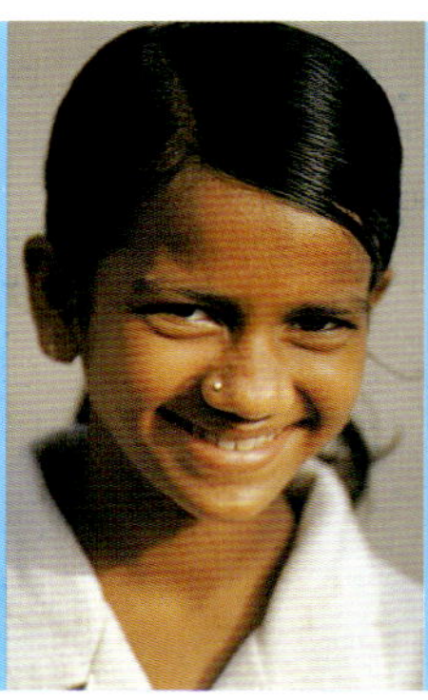

4. Participer

Sommaire

6 Où vivent-ils ?

8 Survivre
10 Pour chaque enfant de l'eau potable
12 Quelle quantité d'eau est disponible ?
14 L'eau et les hommes
16 Nou
18 Chaque enfant devrait avoir une bonne alimentation
20 Pourquoi faut-il manger ?
22 À table !
24 Vincent
26 Chaque enfant devrait avoir une maison
28 Où habitent les hommes ?
30 Un endroit où vivre
32 Mahasin
34 Nadin
36 Chaque enfant doit avoir une vie saine
38 Comment rester en bonne santé ?
40 Les soins
42 Natalie

44 Apprendre et jouer
46 Chaque enfant a droit à une éducation
48 À quoi sert l'école ?
50 L'école pour tous !
52 Sbongile
54 Maria
56 Chaque enfant a le droit de jouer
58 À quoi sert le jeu ?
60 Vive le jeu !
62 Michael

64 Se sentir en sécurité
66 Chaque enfant a besoin d'attention
68 Qui t'aime et s'occupe de toi ?
70 Histoires de famille
72 Ivana
74 Aucun enfant ne devrait être exploité par le travail
76 Pourquoi travailler ?
78 Travailler dur
80 Arif
82 Aucun enfant ne devrait faire la guerre
84 Qu'arrive-t-il pendant la guerre ?
86 Après la guerre
88 Isa
90 Aucun enfant ne devrait être gêné par un handicap
92 Comment vit-on avec un handicap ?
94 Vivre avec un handicap
96 CJ

98 Participer
100 Chaque enfant a droit à une identité
102 Qui es-tu ?
104 Le choix du prénom
106 Nationalité
108 Najaha et Abdisukri
110 Religion
112 Eli
114 Chaque enfant a droit à la libre expression
116 Exprime-toi !
118 Liberté d'expression
120 Taralyn
122 Chaque enfant mérite une vie heureuse
124 Sibasish
126 Mayerly
128 Index et remerciements

Où vivent-ils ?

Tu vas rencontrer dans ce livre des enfants du monde entier. Bien qu'ils soient tous très différents, ils partagent tous la même aspiration : avoir une vraie enfance. Dans ce livre, tu découvriras leurs vies, leurs pensées et leurs espoirs pour l'avenir.

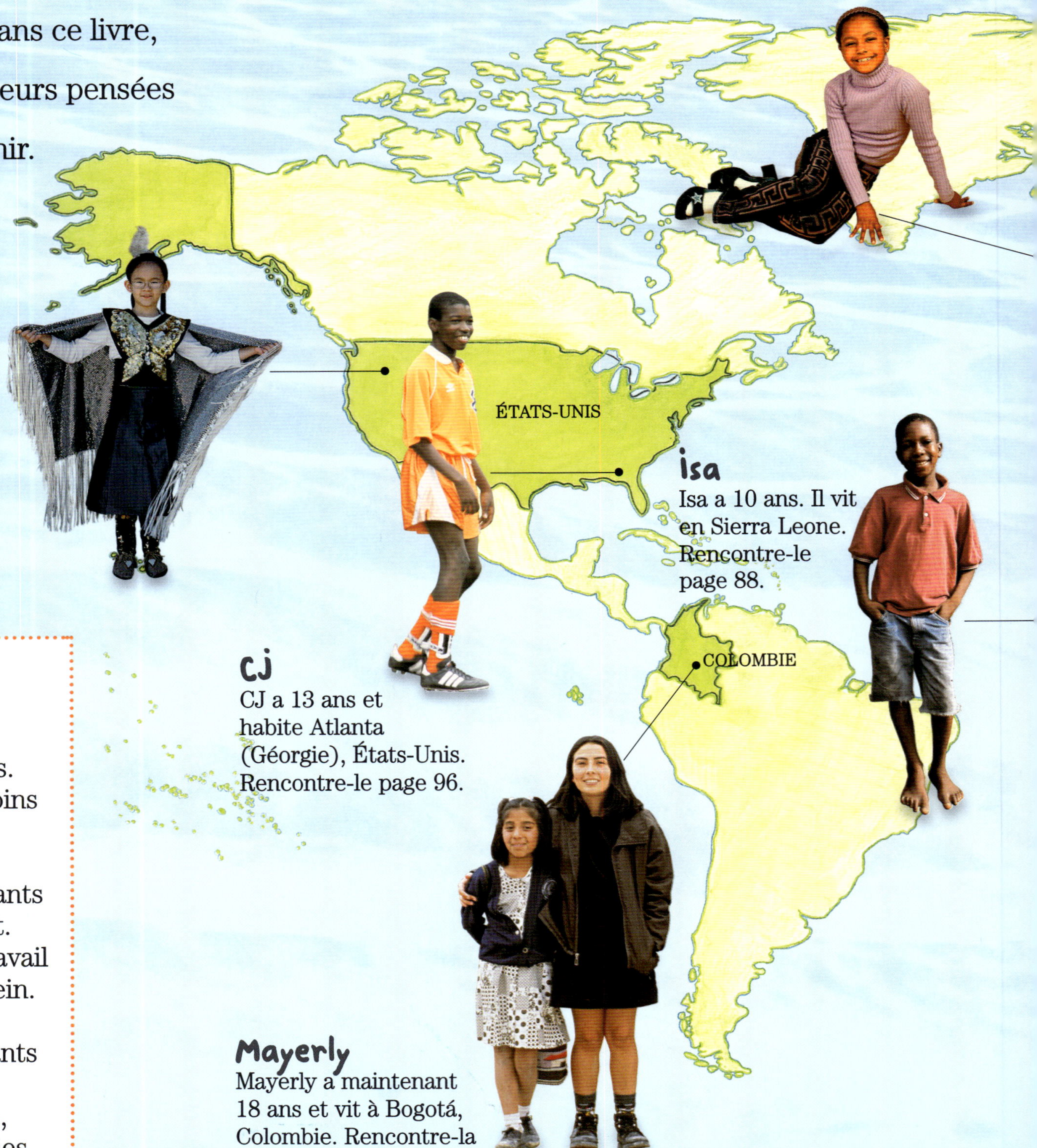

Natalie

Natalie a 9 ans. Elle vit dans le Bedfordshire, au Royaume-Uni. Rencontre-la page 42.

Taralyn

Taralyn a 10 ans et vit près de Seattle (Washington), États-Unis. Rencontre-la page 120.

Isa

Isa a 10 ans. Il vit en Sierra Leone. Rencontre-le page 88.

CJ

CJ a 13 ans et habite Atlanta (Géorgie), États-Unis. Rencontre-le page 96.

Mayerly

Mayerly a maintenant 18 ans et vit à Bogotá, Colombie. Rencontre-la page 126.

Enfants du monde

La Terre compte plus de 6 milliards d'hommes. Plus de 2 milliards ont moins de 18 ans.

Plus de 210 millions d'enfants de 5 à 14 ans travaillent. Plus de la moitié ont un travail dangereux ou à temps plein.

Près de 11 millions d'enfants de moins de 5 ans meurent chaque année, principalement de maladies.

Ivana

Ivana a 12 ans. Elle vit à Pristina, Serbie-et-Monténégro. Rencontre-la page 72.

Eli

Eli a 15 ans et vit en Israël dans un village de jeunes, Yemin Orde. Rencontre-le page 112.

Nadin

Nadin a 11 ans. Elle vit dans le camp de Kalandia, dans les territoires palestiniens occupés. Rencontre-la page 34.

Najaha & Abdisukri

Najaha a 10 ans et Abdisukri 9 ans. Ils habitent à Tilburg, aux Pays-Bas. Rencontre-les page 108.

Maria

Maria a 9 ans. Elle vit à Kaboul en Afghanistan. Rencontre-la page 54.

Nou

Nou a 9 ans. Elle vit à Phonsavanh au Laos. Rencontre-la page 16.

Mahasin

Mahasin a 9 ans. Elle vit à Tambisco au Soudan. Rencontre-la page 32.

Sbongile

Sbongile a 10 ans. Elle vit au Cap, en Afrique du Sud. Rencontre-la page 52.

Vincent

Vincent a 15 ans. Il vit au Rwanda. Rencontre-le page 24.

Sibasish

Sibasish a 13 ans. Il vit à Calcutta, en Inde. Rencontre-le page 124.

Arif

Arif a 12 ans. Il vit à Dacca, au Bangladesh. Rencontre-le page 80.

Michael

Michael a 6 ans. Il vit à Lake Torrens Station, en Australie. Rencontre-le page 62.

1. Survivre

Chaque enfant devrait avoir l'**eau** potable près de chez lui.

Chaque enfant devrait recevoir une **alimentation** suffisante pour bien grandir et être en bonne santé.

Survivre – verbe 1. Demeurer en vie ; continuer à exister.
2. Continuer à fonctionner ou à se débrouiller malgré les circonstances défavorables ou les épreuves ; supporter ; résister.

Chaque enfant devrait avoir une **maison** où il se sente bien et en sécurité.

Chaque enfant devrait avoir accès aux soins pour être en bonne **santé** et mener une vie normale.

Pour chaque enfant de

l'eau potable

se laver, prier, boire,

L'eau de la vie

Sans eau, il n'y aurait pas de vie sur Terre.

L'eau est le bien le plus précieux de notre planète.
L'être humain ne peut survivre que quelques jours sans eau.
Nous utilisons l'eau de bien des manières sans même y penser.
Certains n'ont qu'à ouvrir le robinet pour que l'eau jaillisse,
mais beaucoup n'ont pas ce confort chez eux.

arroser, nager, jouer

Quelle quantité d'eau est disponible ?

Imagine que tu te réveilles demain et qu'il n'y ait pas de robinet chez toi. **Que ferais-tu ?**

- **Comme beaucoup de gens** dans le monde, tu devrais aller puiser l'eau qu'il te faut dans une rivière, un lac, un puits, à la pompe ou au robinet communal.

- **L'eau nous garde en vie.** Nous l'utilisons pour boire, cultiver la terre et nous laver. Elle est aussi essentielle pour construire des maisons et faire tourner les usines.

- **97 % de l'eau est** de l'eau de mer salée qui ne peut être utilisée telle quelle. La plus grande quantité de l'eau douce est difficilement accessible car elle se trouve sous terre ou dans les icebergs. Seul 1 % de l'eau douce est disponible – mais cela suffit largement à nos besoins.

Quelle quantité d'eau utilises-tu ?

Dans certains pays, tu devrais te débrouiller avec un seul seau d'eau pour toute la journée.

Si tu laisses le robinet ouvert en te brossant les dents deux fois par jour, tu utilises cette quantité d'eau.

Trois passages aux toilettes font partir à l'égout cette quantité d'eau.

Se laver nécessite de l'eau

Les usines utilisent une grande quantité d'eau.

Même l'eau douce disponible – 1 % des ressources terrestres – n'est pas toujours potable !

Il y a donc assez d'eau pour tout le monde ? Oui ! Pourtant, des problèmes demeurent…

- **Pluies insuffisantes** Il tombe chaque jour assez d'eau de pluie pour recouvrir la Terre sur 80 cm de hauteur. Cela devrait suffire largement à tous. Malheureusement, il en tombe plus sur certaines régions que sur d'autres.
- **Eau non potable** Chaque jour, 14 000 personnes meurent car l'eau qu'elles consomment est polluée. La diarrhée, causée par cette eau impure et par de mauvaises conditions de vie, tue plus de 1 million d'enfants par an.
- **Pluies excessives** Nombre de régions fertiles sont exposées aux inondations. Les crues détruisent les habitations et rendent souvent l'eau impure. Les maladies se propagent alors plus facilement.
- **Déserts** 14 % de la surface terrestre sont occupés par le désert et ces régions s'étendent. Les déserts reçoivent peu ou pas de pluie. Les habitants parcourent des kilomètres pour trouver de l'eau pour eux-mêmes, leurs animaux et leurs cultures.

Quelques chiffres

Ton corps est composé d'eau à 75 % !

Tu mourrais sans doute après trois jours sans boire.

Tes os sont constitués d'eau à 50 %.

Cette eau doit suffire **pour boire, se laver** et **cuisiner**.

C'est la quantité d'eau dont certains disposent **pour toute une journée.**

= 10 litres

Cette quantité remplit une **baignoire**.

Un lave-linge consomme toute cette eau pour une lessive.

Il a fallu utiliser cette quantité d'eau pour **fabriquer tes chaussures**.

Nous ne pouvons pas boire l'eau de mer, car elle est trop salée.

L'eau et les hommes

Ces enfants ont la chance d'avoir accès à l'eau courante, propre et potable. Ils doivent pourtant pour la plupart aller la puiser chaque jour pour leur famille – tâche longue et difficile.

Afghanistan Ces jeunes garçons puisent l'eau avec une pompe à bras. Les villages de la région étant touchés par la sécheresse, cette pompe est vitale. Les habitants ont reçu des conseils d'hygiène et ont été formés à l'entretien de ces pompes.

Ce village afghan a été bombardé durant la guerre, dans les années 1980. En 2002, il n'avait toujours pas été reconstruit.

Inde Ces adolescentes chargées de récipients en métal se rendent à la source communale. Elles les rempliront d'eau et les rapporteront chez elles. Elles prennent à chaque voyage le plus de pots possible ; elles portent les plus gros sur la tête et les autres à la main. Leur tête est protégée par un morceau de tissu.

Un seau d'eau de 10 litres pèse 10 kilos. C'est plutôt lourd : cela correspond au poids d'un bébé de un an !

Pays-Bas Najaha se sert un verre d'eau au robinet de la cuisine. C'est la seule personne de cette page qui ne doive pas sortir pour avoir de l'eau.

Combien de robinets, d'éviers et de lavabos y a-t-il chez toi ? Comment ta vie changerait-elle s'il n'y avait qu'un robinet ? Que dirais-tu si tu devais aller chercher l'eau dehors ? Ou quelques rues plus loin ?

Jamaïque Cette petite fille remplit un seau au robinet communautaire. C'est moins pratique que d'avoir un robinet chez soi, mais c'est mieux que d'aller puiser l'eau dans une rivière ou un lac. Les habitants en profitent pour bavarder et échanger des nouvelles.

Avant d'arriver à la canalisation, l'eau est pompée dans le sol. On la traite pour détruire les germes et la rendre potable, sans quoi elle ne serait pas plus sûre que l'eau des rivières.

Nou

Voici deux ans, une pompe a été installée dans le village de Nou, au Laos. Avant, les habitants puisaient l'eau dans un ruisseau. L'eau étant impure, ils tombaient souvent malades.

Laos
Montagneux et très boisé, le Laos connaît un climat de mousson. Cela signifie qu'il est marqué par la sécheresse et les inondations, selon la saison.

Avant la pompe

La rivière voisine alimentait en eau le village de Nou. L'eau était impure, mais c'était tout ce dont disposaient les villageois. Trois mois dans l'année, la rivière s'asséchait. Les habitants creusaient son lit, mais l'eau était toujours boueuse.

« Depuis que l'eau est potable, les gens ne tombent plus malades et dépensent moins de temps et d'argent chez le docteur. »

Puiser l'eau

Au Laos, les enfants puisent l'eau pour leur famille. Nou et ses amis faisaient de nombreux allers-retours au ruisseau, manquant parfois l'école.

« J'avais mes propres seaux, plus petits que ceux de ma sœur aînée. »

TRAJET

Pour aller chercher l'eau, Nou devait gravir une colline abrupte et franchir un pont branlant. Il fallait 10 minutes pour y aller, mais 20 minutes pour en revenir, à cause du poids des seaux.

… « J'allais chercher l'eau au ruisseau deux fois par jour, accompagnée de mes amis. Nous pouvions parler en chemin, même si les seaux étaient lourds. »

PLUS DE TEMPS

Maintenant qu'il y a une pompe au centre du village, chacun dispose de plus de temps – Nou peut jouer, et sa mère aider aux champs.

… « C'est si facile d'avoir de l'eau ! Je peux aller en chercher un seau aussi souvent que je veux. »

LESSIVE

Les habitants lavent toujours leur linge à la rivière, mais aller aux toilettes est plus simple et plus hygiénique, grâce aux cabinets couverts construits par le père et le frère de Nou.

… « Le toit et les murs de nos toilettes sont faits de feuilles et de chaume, et elles ne sont pas loin de la maison. »

LE JARDIN DE L'ÉCOLE

Le village a désormais une nouvelle particularité : avant, il était impossible d'avoir un jardin car il fallait aller chercher l'eau d'arrosage trop loin. Ce n'est plus un problème puisque la pompe du village se trouve dans la cour de l'école.

… « À l'école, nous avons un jardin avec des fleurs. Nous l'arrosons chaque jour. »

« La vie est meilleure ! »

Chaque enfant devrait avoir une bonne

alimentation

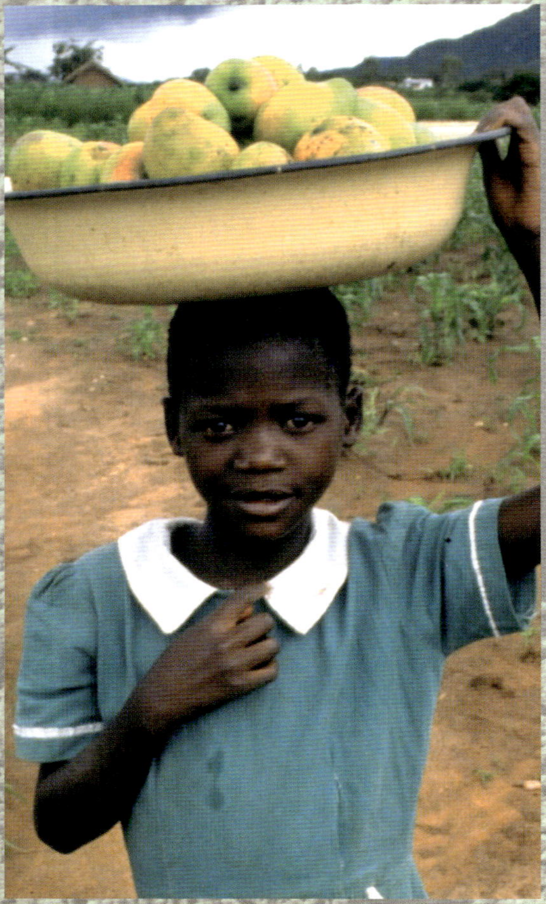

survie, croissance, santé,

Les aliments sont notre énergie.

Nous mangeons pour vivre.

Nous apprécions le goût, le parfum et la texture des aliments. La plupart des fêtes s'accompagnent d'un repas pris en commun. Alors que, dans les pays riches, on meurt de maladies dues à la suralimentation, dans les régions plus pauvres, beaucoup luttent pour trouver de quoi survivre ou meurent de faim.

force, énergie, plaisir

Pourquoi faut-il manger ?

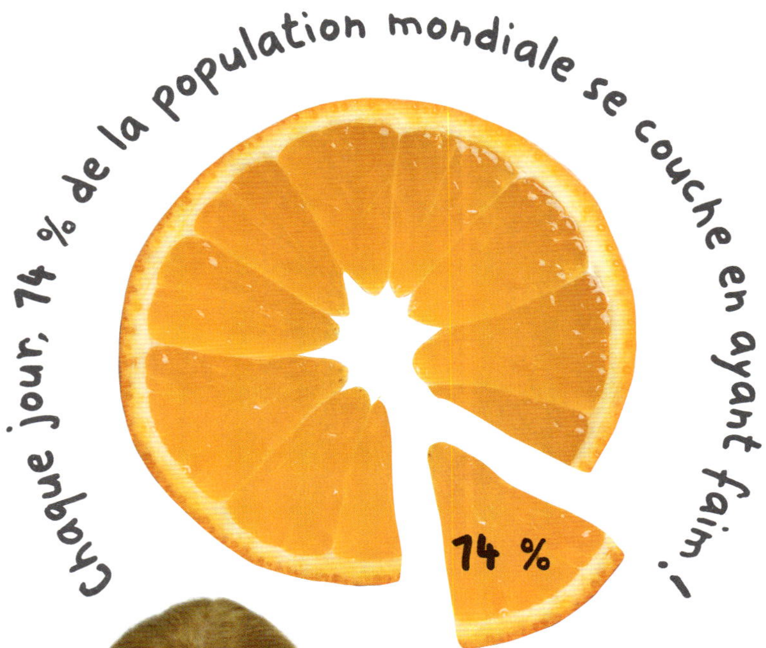

As-tu déjà essayé d'apprendre tes leçons en ayant très **faim** ?

- **Lorsque les enfants ne mangent pas assez,** ils n'ont pas d'énergie pour travailler, jouer ou apprendre. Leur corps et leur cerveau se développent moins bien, et ils risquent davantage de tomber malades.
- **La malnutrition** est une insuffisance de l'apport alimentaire. Chaque année, des millions d'enfants meurent de maladies aggravées par la malnutrition.
- **Quand la nourriture manque,** dans certains pays, certains parents privilégient leurs fils, aggravant ainsi la malnutrition de leurs filles.

Protéines

Qu'arrive-t-il si notre alimentation est déséquilibrée ?

1 enfant sur 4 n'absorbe pas assez de **protéines** ou de calories.

Les aliments nourrissants tels le riz, les pâtes, le pain et les céréales sont appelés **glucides**.

Vitamines et minéraux

1 personne sur 2 manque de **vitamines** et de **minéraux**.

Les aliments contenant des **sucres** et des **graisses** ont vraiment bon goû

Mange équilibré !

Pourquoi souffre-t-on de la faim ?

- **Des problèmes écologiques** tels que la sécheresse, les inondations et la déforestation détruisent les sols et la végétation. La situation s'aggrave quand on ne peut cultiver qu'un sol abîmé.
- **L'exploitation immodérée** des pâturages dégrade les sols, empêchant toute culture. La pêche excessive a des effets sur la quantité de poissons dans la mer, mais aussi sur les autres animaux et plantes de la chaîne alimentaire.
- **La guerre** oblige les hommes à abandonner leurs terres qui ne produisent alors plus rien. Bien des gouvernements achètent des armes plutôt que des denrées.
- **Certains** ne peuvent pas acheter assez de nourriture ou les semences et les outils nécessaires à la culture de leurs champs. La concurrence des produits agricoles européens et américains subventionnés détruit l'agriculture locale.

Une bonne idée ?

Pourquoi ne pas envoyer nos surplus alimentaires à ceux qui ont faim ? Cela éviterait que les gens meurent de faim, sans pour autant supprimer les causes de la famine. Les gouvernements doivent s'assurer que chacun a les moyens de produire ou d'acheter sa nourriture.

Beaucoup de gens dans le monde consacrent presque tout leur argent à l'achat de leur nourriture, car ils n'ont pas beaucoup de moyens.

Glucides

Chaque enfant est malade **plusieurs jours** par an.

Sans eux, les enfants n'ont **pas d'énergie** pour la journée.

Cela **diminue** la résistance du corps à la **maladie**.

Mais en manger trop peut entraîner **obésité** et **mauvaise santé**.

Sucres et graisses

Reste heureux et en bonne santé !

À table !

L'aliment de base est l'élément principal de nos repas. Pain, riz, pâtes ou pommes de terre – quand nous sentons leur odeur, nous savons que nous n'aurons plus faim longtemps.

Royaume-Uni Certains aiment déguster un bon repas le dimanche. Le plat traditionnel inclut rosbif, pommes rôties, *yorkshire pudding* (une pâte à choux salée), légumes et sauce.

... On mange à table, avec couteau et fourchette. Le repas est l'occasion de discuter en famille ou entre amis.

Vietnam L'Asie du Sud-Est compte beaucoup de fleuves et de lacs ; les habitants mangent souvent du poisson.

... En Asie, la plupart des plats comportent du riz ou des nouilles. Les Vietnamiens mangent dans un bol, avec des baguettes.

Bangladesh Sel, coriandre, curcuma, cumin, poudre de piment, ail, oignon et piment sont des saveurs typiques.

... Les Bangladais mangent avec la main droite seulement et parlent peu pendant le repas.

Mozambique
Le foufou est l'aliment principal de la plupart des repas. Préparer le foufou demande de l'énergie. Il faut faire cuire les grains à l'eau et les broyer, puis malaxer pour obtenir une pâte homogène.

... Le foufou est à base de maïs, de patates douces ou de bananes plantains (consommées comme légumes). Ailleurs en Afrique, on l'appelle aussi « sadza » ou « ugali ».

Grains de maïs (taille réelle)

Foufou

Vincent

Vincent a 15 ans et vit au Rwanda. Son père et sa mère sont morts. C'est lui qui veille sur ses frère et sœurs cadets. Il assume la plupart des travaux ménagers et il cultive et achète les aliments qui nourrissent sa famille.

Rwanda
Le climat tempéré du Rwanda favorise l'agriculture. Beaucoup d'habitants mangent ce qu'ils cultivent et certains vendent leurs produits agricoles.

PRÉPARER LE DÉJEUNER
À 14 ans, Donata Uwamahoro, sœur de Vincent, est chargée de préparer le repas de midi pendant que Vincent est à l'école.

« Mon frère aîné a 32 ans. Il habite tout près, avec sa propre famille. »

BANANES ET CHÈVRES

Vincent cultive des bananes sur son terrain. Il garde aussi des chèvres qui fournissent du fumier pour les cultures.

« Je me lève avec le soleil ; je n'ai pas de montre. Mon premier geste consiste à couper un peu d'herbe pour nos chèvres. »

LE CARRÉ DE LÉGUMES

Le frère de Vincent l'aide à désherber le plant de choux et une association locale le conseille pour qu'il cultive aussi tomates et patates douces.

« Nos caféiers nous rapportaient un peu d'argent, mais ils ne donnent plus de graines. Maintenant, je fais des petits travaux. »

TOUT FEU TOUT FLAMME

La sœur de Vincent prépare seule le repas, mais ses frères l'aident à allumer le feu.

« Nous prenons un repas par jour. Je mange à l'école, les autres à la maison. »

TRAVAILLER LE BOIS

Vincent suit des cours de menuiserie au centre d'accueil pour orphelins géré par une association locale.

« Je veux devenir menuisier et gagner ma vie en fabriquant des lits et d'autres meubles. »

Chaque enfant devrait avoir

une maison

chaleur, fraîcheur, abri, protection,

Être bien chez soi

Notre maison nous protège des intempéries.

On s'y sent en sécurité, à l'aise et détendus.

On peut bâtir une maison n'importe où et avec n'importe quoi.

Aux quatre coins du monde, les gens vivent dans toutes sortes d'endroits – maison, appartement, caravane, grotte, péniche, cabane, tente…

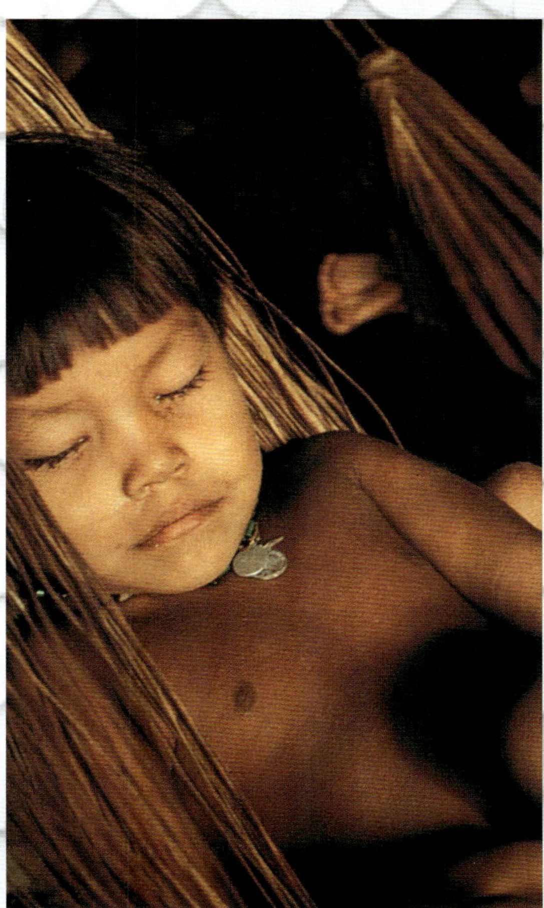

intimité, espace, confort, calme

Où habitent les hommes ?

Ta maison est plus qu'un simple bâtiment. C'est l'endroit où tu es **à l'abri**, **en sécurité**, **en bonne santé** et **heureux**.

Peu importe l'apparence de la maison. Pour faire un bon foyer, elle doit offrir :

- une protection contre les intempéries, les fumées et la pollution ;
- une source d'eau potable intérieure ou proche ;
- des murs solides ne s'enflammant pas facilement ;
- un équipement sanitaire pour évacuer eaux usées et ordures ;
- un lieu sûr où préparer et conserver les aliments ;
- assez d'espace pour tous ses habitants ;
- des adultes pour veiller sur les enfants.

Les logements abordables manquent ;

- **Près de la moitié** de la population mondiale habite en ville.
- **250 millions** de citadins n'ont pas l'eau courante.
- **400 millions** de citadins n'ont ni toilettes ni latrines.
- **600 millions** de personnes au moins vivent dans les quartiers pauvres ou dans les bidonvilles.

Dans le monde, plus de 20 millions de familles de citadins sont sans abri.

Tous les sans-abri ne se ressemblent pas. Les raisons ne sont pas les mêmes pour tous.

- **Guerre et violence** chassent les gens de chez eux. Plus de la moitié des réfugiés sont des enfants. Certains enfants s'enfuient à cause de violences.
- **Il n'existe pas assez de logements** bon marché ; il arrive que les chômeurs et les personnes aux revenus faibles finissent dans la rue.
- **Des catastrophes naturelles** telles que la sécheresse, les inondations, les éruptions ou les tempêtes peuvent détruire les maisons. Après, l'argent nécessaire à la reconstruction manque souvent.
- **Les paysans** qui n'arrivent plus à nourrir leur famille en cultivant la terre vont s'entasser dans les bidonvilles.

Il existe beaucoup de maisons différentes

Dans les déserts chauds de Tunisie, certains vivent dans des maisons souterraines, au frais.

Sur les fleuves à Hongkong et en Thaïlande, certains vivent sur des bateaux.

Certaines personnes doivent vivre dans de mauvaises conditions.

- **Un tiers des citadins** vivent dans un logement non conforme aux normes.
- Cela signifie que les plus pauvres n'ont pas d'endroit où se laver. Beaucoup doivent **acheter l'eau** très cher.
- Beaucoup de familles ont des **toilettes communes**. Ces conditions insalubres les exposent à la **maladie**.
- **1 milliard 300 millions** de personnes vivent dans un logement qui ne leur convient pas.

Un endroit où vivre

Selon les régions, les maisons diffèrent énormément. Il existe des maisons de ville et de campagne, des maisons sous les climats chauds et froids, des maisons au bord de l'eau et dans la montagne. Qu'est-ce qui fait qu'une maison est un foyer ? Ceux qui y vivent.

Turquie Nos ancêtres s'abritaient probablement du soleil, du vent et de la pluie dans une caverne. Aujourd'hui, certains choisissent de vivre dans une grotte ou s'en servent comme base pour leur foyer. Cette maison est encastrée dans une grotte. Ses murs épais contribuent à la garder fraîche en été et chaude en hiver.

... L'avantage d'une habitation troglodytique est qu'il ne faut pas la bâtir de A à Z puisque la grotte existe déjà.

Chine Cette famille habite un *house-boat* en bois amarré dans des eaux peu profondes, près d'un village de pêcheurs (province du Fujian). Vivre sur un fleuve est pratique, tant pour pêcher que pour vendre le poisson ; ce sont souvent les familles de pêcheurs qui vivent dans ce genre de maison.

... En vivant sur l'eau, on s'habitue vite au léger roulis et au manque d'espace. Les enfants élevés sur un house-boat apprennent vite à nager et à agir de façon responsable.

Laos Les Laotiens tressent des panneaux en rotin (un végétal). Il ne faut qu'une journée pour assembler ces panneaux et bâtir une maison, mais il faut les remplacer régulièrement.

••• **Pendant la mousson, tout peut devenir très boueux ; cette maison est donc bâtie sur pilotis. La famille garde des cochons dans l'enclos à droite. Ces derniers ne craignent pas la boue !**

Royaume-Uni La famille de TJ travaille dans un cirque ambulant, dans le sud-est de l'Angleterre. Elle vit dans cette grande caravane achetée aux États-Unis. Très confortable, elle possède un lave-linge et un micro-ondes.

••• **Les enfants des gens du voyage changent souvent d'école. Ils tiennent un journal qui les suit partout.**

Rwanda Vincent vit ici avec son frère et ses deux sœurs. Leur maison de deux pièces est en brique de boue séchée au soleil. Vincent et sa famille ont bâti leur propre foyer ; amis et voisins ont aidé à fabriquer les briques et à construire la maison.

••• **Quand ils manquent d'argent pour acheter des matériaux de construction, les gens utilisent ce qu'ils ont sous la main. Les briques de boue épaisses sont adaptées aux climats chauds et secs car elles gardent la maison fraîche.**

Mahasin

Les gardiens de troupeau nomades comme la famille de Mahasin ne vivent pas dans un seul endroit mais se déplacent pour trouver de l'herbe pour le bétail. Avec le lait de leurs vaches, ils font du beurre, qu'ils vendent. Voyager est toute une aventure, et Mahasin adore son mode de vie.

UNE MAISON MOBILE
La maison familiale est faite d'un assemblage de branches et de rameaux. Deux fois par an, quand la communauté émigre, on démonte la hutte. Les matériaux sont transportés à dos de chameau ou de bœuf et la case peut être reconstruite ailleurs.

« Ma mère, mes sœurs et moi dormons dans la hutte familiale. Les hommes dorment dans une case ouverte pour garder un œil sur le bétail. »

Soudan
Le paysage va du désert du Nord aux forêts tropicales et aux plaines verdoyantes du Sud, en passant par les marais du Centre. C'est le plus vaste pays d'Afrique.

Vie nomade

La famille de Mahasin se déplace souvent pour trouver eau et herbe pour le bétail. Toutes les affaires de Mahasin tiennent dans un petit bidon.

« Ce que je préfère, c'est quand on se déplace. Où qu'on aille avec le troupeau, les gens nous traitent avec respect et nous aident souvent. Nous pouvons aller où bon nous semble. »

Nourriture de base

Mahasin aime aider sa mère et ses sœurs à faire la cuisine et la vaisselle. L'*asida*, mélange de légumes, de céréales et d'épices, constitue la base de l'alimentation familiale.

Mahasin aide sa mère à nettoyer les plats.

École itinérante

L'école de Mahasin n'accueille que des enfants nomades. Elle compte environ 50 élèves – jamais les mêmes, à cause des migrations constantes.

« Nous apprenons la langue arabe, la religion et la géographie. Notre instituteur s'appelle Fadul Osman. Il voyage toujours avec nous. C'est l'un des nôtres. »

À cloche-pied dans le désert

Mahasin et ses amis se livrent à un jeu traditionnel appelé *arikkia.*

Vannerie

En dehors de l'école, Mahasin aide sa famille à s'occuper du troupeau et tresse des paniers pour son propre usage.

Le collier de Mahasin est appelé *khannakh.*

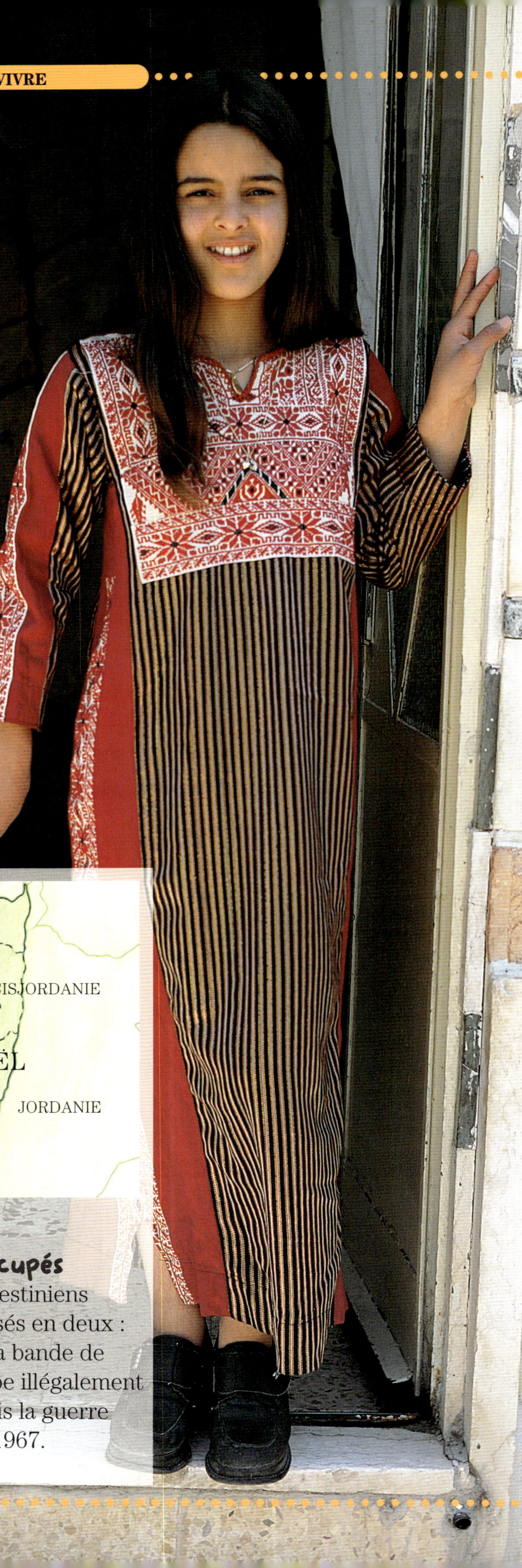

Nadin

Nadin et sa famille vivent en Cisjordanie, dans un camp de réfugiés administré par l'Organisation des Nations unies (ONU). Sa famille a fui sa ville d'origine, Malha, en Palestine (région historique), après la première guerre israélo-arabe de 1948.

Maison de famille

Nadin, ses parents, ses deux sœurs et son frère n'occupent que le rez-de-chaussée de cette maison. Les grands-parents de Nadin, son oncle, sa tante et leurs enfants habitent à l'étage.

« Ma famille vit dans ce camp depuis sa création en 1949, soit depuis plus de cinquante-trois ans. Ma grand-mère avait six ans lorsqu'elle a quitté la ville de Malha. »

Jeux

Dans le camp, il y a peu de terrains de jeu, aussi Nadin joue, soit à l'intérieur, soit dans la rue devant la maison.

Territoires palestiniens occupés
Les territoires palestiniens occupés sont divisés en deux : la Cisjordanie et la bande de Gaza. Israël occupe illégalement ce territoire depuis la guerre des Six-Jours en 1967.

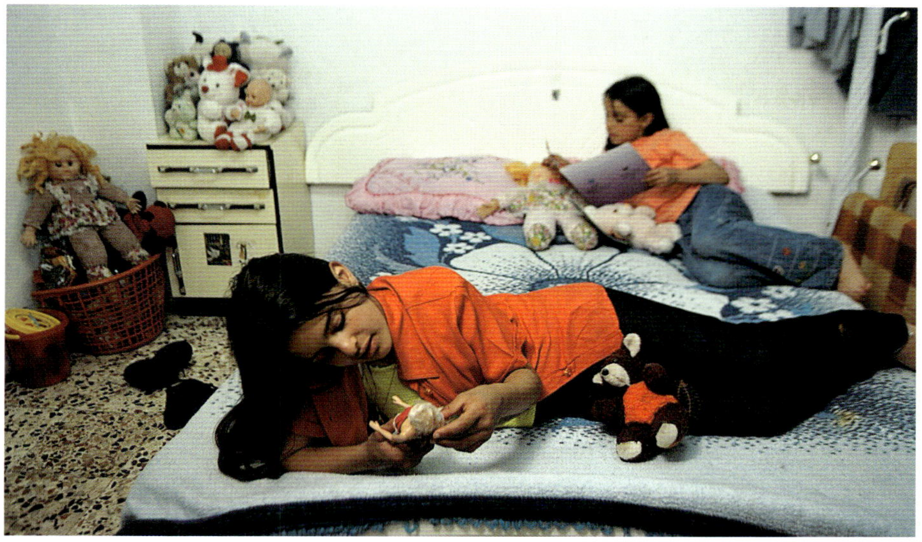

AU LIT !

Nadin partage sa chambre avec Wafa, 8 ans. Le reste de la famille dort dans la salle de séjour.

• • • « J'adore ma sœur Wafa, même si on se dispute beaucoup, parce qu'elle est très bavarde. Elle veut devenir célèbre et passer à la télé. »

Nadin, sa sœur Wafa et son frère Mohammed

LIENS DE FAMILLE

Nadin est très proche de chaque membre de sa famille. Étant l'aînée, elle aide sa mère à s'occuper de sa sœur cadette Hala, qui n'a que 2 ans.

AIDER À LA MAISON

De retour de l'école, Nadin aide sa mère en balayant le sol et en époussetant les meubles.

• • • « Nous mangeons le musakhan, un plat palestinien populaire à base de pain, d'oignons, de poulet rôti et d'épices. »

Musakhan

Olives

PAS SI DIFFÉRENT

La cuisine palestinienne ressemble à celle d'autres pays de la région : la Jordanie, Israël, la Turquie, la Grèce, l'Iran et l'Irak.

• • • « Mon plus grand désir est de retrouver Malha, notre ville d'origine. Je souhaite aussi qu'Israéliens et Palestiniens fassent la paix. »

Chaque enfant doit avoir une vie saine

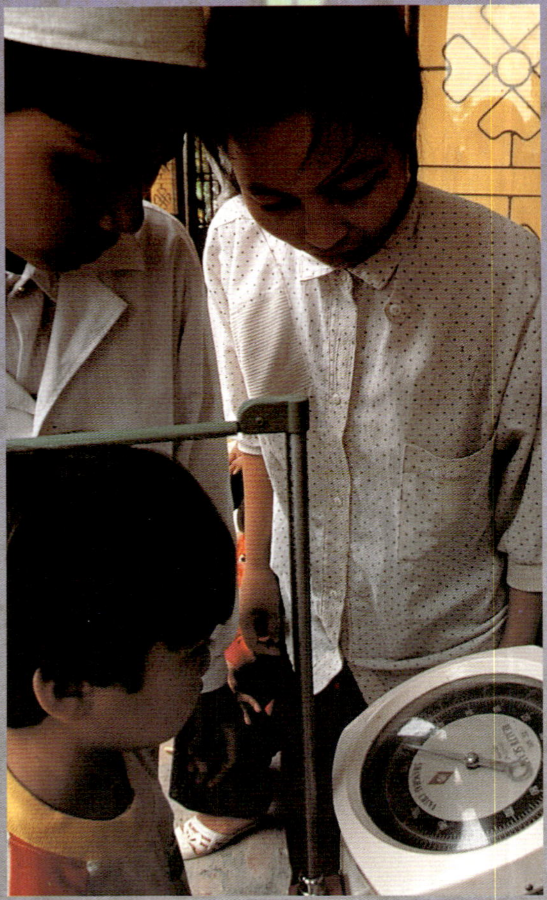

os solides, dents saines,

Rester en bonne santé

Avant tout, mieux vaut ne pas tomber malade.

Les vaccins peuvent nous protéger de certaines maladies. Une bonne hygiène et une alimentation saine peuvent contribuer à en éviter d'autres. Mais, parfois, les enfants tombent malades. Ils ont alors besoin de médecins, de médicaments et d'hôpitaux pour être bien soignés.

forme, hygiène, immunisation

Comment rester en bonne santé ?

Ta santé est ton bien le plus précieux.

● **Pour rester en bonne santé,** il faut une alimentation saine et de l'eau potable, un endroit où se laver, des toilettes, des vaccins, des soins médicaux et un système sûr d'élimination des ordures.

● **Si tu tombes malade,** tu dois pouvoir voir un médecin, une infirmière ou un agent de santé qui t'aideront à te soigner.

Plus d'un milliard de personnes n'ont pas accès aux soins médicaux.

- **La rougeole** tue un enfant chaque minute. Tu es sans doute **immunisé** contre cette maladie.
- Tu es sans doute immunisé contre plusieurs maladies **infantiles facilement évitables**.
- En Afghanistan, la plupart des gens n'ont accès ni aux **médecins** ni aux **infirmières**.
- En **Chine**, le gouvernement forme certains habitants de villages isolés à administrer les soins médicaux de base.
- Les enfants meurent de nombreuses maladies. **40 000 enfants** de moins de 5 ans meurent chaque jour.

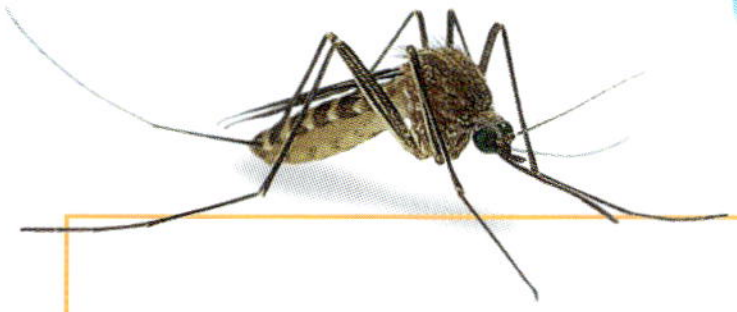

Certaines des maladies les plus meurtrières peuvent être évitées facilement et à peu de frais.

- **Le paludisme** est transmis par les moustiques. Il touche 500 millions de personnes par an. On peut l'éviter en dormant sous une moustiquaire et en détruisant les foyers de reproduction du moustique.
- **La diarrhée** tue plus d'un million d'enfants par an, car elle entraîne une grave déshydratation. L'eau potable et une alimentation saine peuvent l'éviter. Il suffit d'un sachet de sel de réhydratation pour soigner une personne.
- **La rougeole** tue rarement les enfants en bonne santé. Dans les pays en voie de développement, elle en tue près d'un million par an. On peut l'éviter grâce à un vaccin qui est bon marché.
- **La malnutrition** touche 150 millions d'enfants qu'elle laisse affaiblis et incapables de combattre les maladies. Une alimentation saine et des soins médicaux de base pour tous est un objectif prioritaire à atteindre.

La tragédie du sida

En Afrique subsaharienne, des millions d'enfants sont orphelins à cause du sida. Leurs parents n'ont bénéficié d'aucune prévention et d'aucun soin.

Quand tu tombes malade, attends-tu longtemps avant de voir un médecin ?

En Afrique, **50 %** ne le sont pas.

Hélas ! **34 millions** d'enfants ne le sont pas.

En France, la plupart en bénéficient.

On les appelle les **médecins aux pieds nus**.

C'est la **malnutrition** qui les tue.

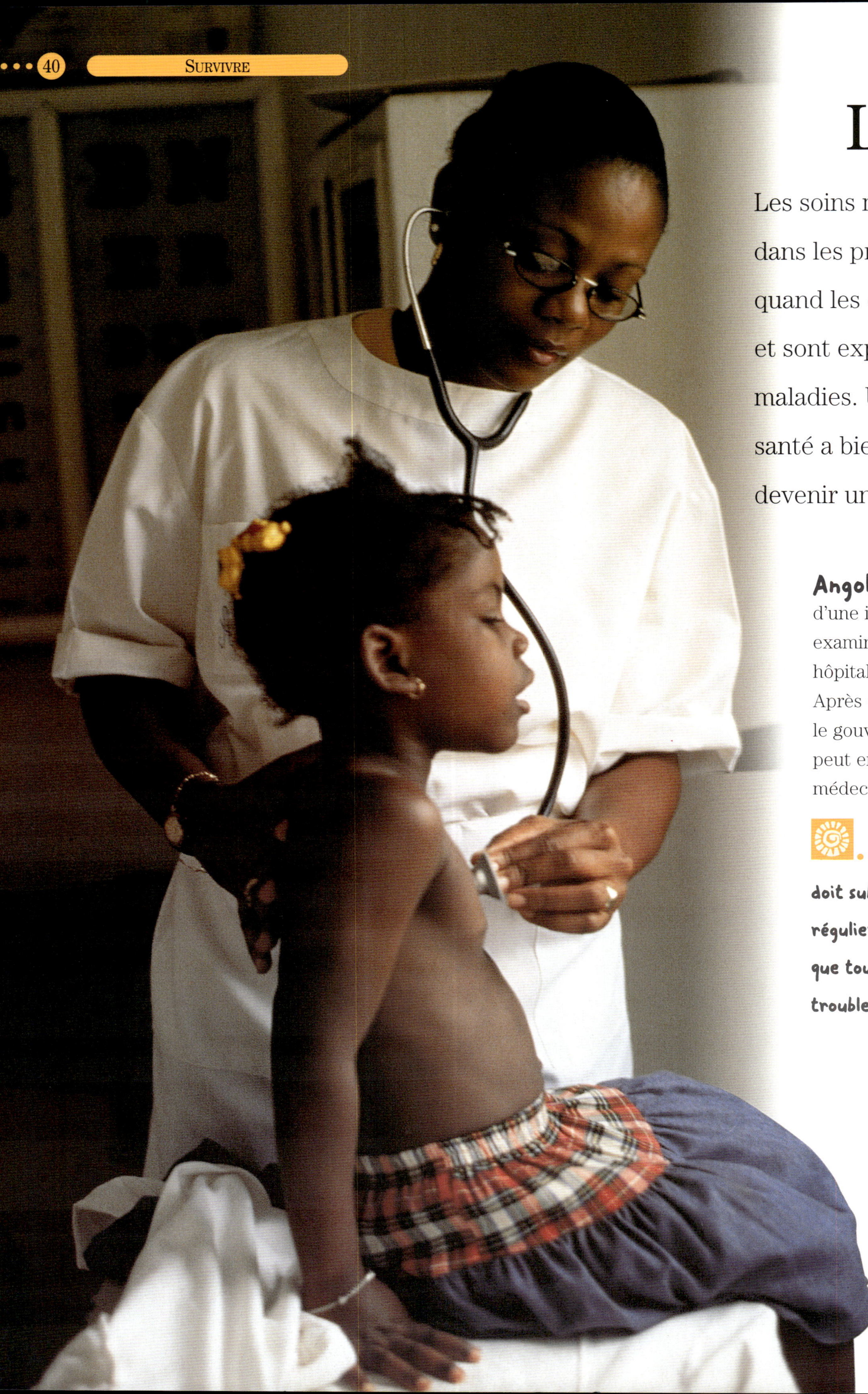

Les soins

Les soins médicaux sont vitaux dans les premières années, quand les enfants se développent et sont exposés à de nombreuses maladies. Un enfant en bonne santé a bien plus de chances de devenir un adulte bien portant.

Angola Cette fillette souffrant d'une infection respiratoire est examinée par un médecin dans un hôpital de Luanda, la capitale. Après des années de guerre civile, le gouvernement, aidé par l'Unicef, peut enfin améliorer éducation et médecine.

Chaque enfant doit subir des bilans de santé réguliers. On s'assure ainsi que tout va bien et qu'aucun trouble ne se déclare.

Inde Cette adolescente sourit en rapportant chez elle, au Tamil Nadu, cette jarre en terre cuite remplie d'eau. L'eau impure est malheureusement responsable de nombreux décès évitables, surtout chez les bébés et les jeunes enfants.

••• Les pots comme celui-ci gardent l'eau fraîche, mais avoir l'eau courante au robinet serait bien plus pratique pour tous.

Bangladesh Cette fillette de 2 ans a de quoi sourire en s'aspergeant à l'heure du bain : l'eau de sa cuvette en plastique provient d'une pompe à bras toute neuve.

••• Se laver ou faire ses besoins dans une rivière ou un lac rend l'eau impropre à la consommation.

Zambie Fruits et légumes sont riches en vitamines et en minéraux qui nous aident à nous rétablir et préviennent même les maladies. Chaque aliment contenant des nutriments différents, il est important de varier son alimentation.

••• Notre corps ne pouvant stocker la plupart des vitamines, il faut manger des aliments frais chaque jour pour rester en bonne santé.

Chine Cette fillette est vaccinée contre la polio dans une clinique soutenue par l'Unicef. En vaccinant le plus d'enfants possible, l'Organisation mondiale de la santé, l'Unicef et d'autres partenaires espèrent éradiquer la polio en 2005.

••• Le vaccin antipolio est facile à prendre : il suffit d'avaler le médicament. Il faut cependant quatre doses séparées pour qu'il soit totalement efficace.

Natalie

Natalie souffre d'eczéma et d'asthme. Ce dernier affecte les bronches, ces conduits qui acheminent l'air vers et depuis les poumons. Il n'existe aucun remède, mais Natalie arrive à gérer sa maladie et mène une vie très active.

Eczéma

Beaucoup d'asthmatiques souffrent d'une maladie de peau appelée l'eczéma. Natalie doit faire attention à ce qui entre en contact avec sa peau ; certaines matières provoquent des démangeaisons.

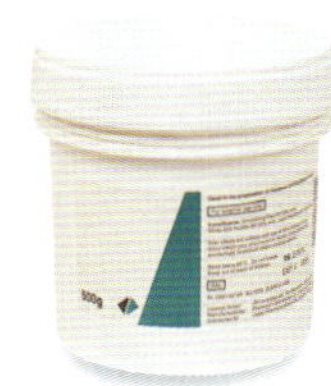

Pommade anti-eczéma

« Je dois m'enduire de crème matin et soir. Quand il fait chaud, la peau me démange. Une fois que je commence à me gratter, je ne peux plus m'arrêter ; ma peau saigne facilement et s'infecte. »

Sport

Chez certains asthmatiques, l'exercice déclenche une crise, mais heureusement, ce n'est pas le cas de Natalie. Elle a même découvert que faire beaucoup de sport fortifie sa poitrine, si bien qu'elle est moins sujette aux rhumes et aux crises d'asthme.

Royaume-Uni

Dans les pays développés comme le Royaume-Uni, les usines et la circulation automobile polluent. Cela gêne beaucoup les asthmatiques. L'asthme touche un enfant sur huit au Royaume-Uni.

ALLERGÈNES

Natalie ne peut posséder ni jouets en peluche ni animal. Elle ne peut pas non plus porter de laine, car la poussière pourrait provoquer une crise d'asthme. Sa maison n'a ni tapis ni rideaux, pour la même raison.

RÉGIME

Natalie souffrant d'allergies alimentaires, elle doit surveiller son alimentation. Lait, fromage et œufs pourraient la rendre très malade.

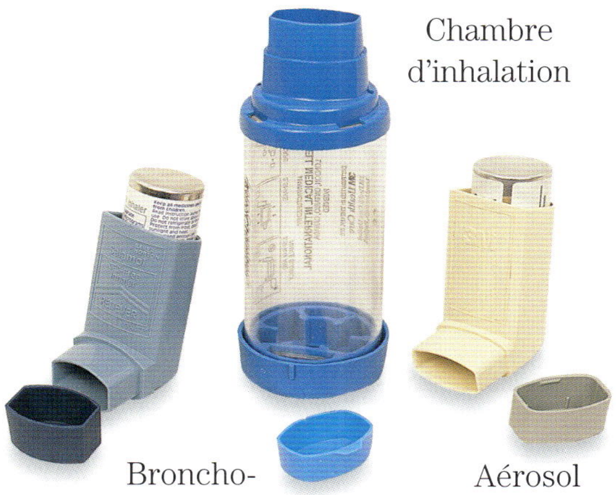

INHALATEURS

Natalie traite son asthme avec deux inhalateurs. Elle doit utiliser un aérosol préventif chaque jour pour apaiser ses bronches, et son bronchodilatateur les dilate en cas de crise.

« Quand j'ai une crise, on dirait que ma poitrine se contracte, c'est très désagréable. Parfois, je ne peux pas m'arrêter de tousser. Je prends alors mon bronchodilatateur pour mieux respirer. »

Patins à glace

« J'ai gym le mercredi, natation le jeudi, basket le vendredi et patinage le samedi ! J'aime aussi le roller et j'en fais dès que je peux. »

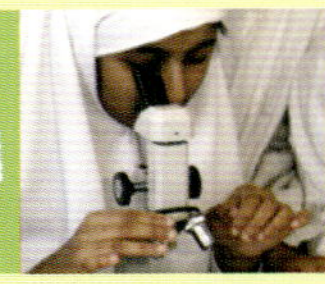

2. Apprendre et jouer

L'**éducation** est un droit pour chaque enfant. Elle devrait les aider à développer leur personnalité, leurs talents et leurs aptitudes. Elle devrait aussi leur apprendre le respect des autres.

Apprendre – verbe 1. S'instruire. 2. Découvrir le monde.
3. Faire ses propres expériences.
Jouer – verbe 1. S'amuser. 2. Faire fonctionner son imagination.

Tous les enfants devraient disposer de temps et d'un endroit sûr où **jouer**. Chaque enfant devrait avoir droit à son intimité pour passer du temps seul.

Chaque enfant a droit à

une éducation

calcul, instruction, stimulation,

L'école avant tout !

L'homme apprend sans cesse.

L'école te donne la capacité de lire, d'écrire et de calculer. Elle développe aussi ta personnalité, tes talents et tes aptitudes. Tout aussi important, elle t'enseigne droits et devoirs, et te guide pour t'apprendre à respecter les autres et à vivre en paix avec eux.

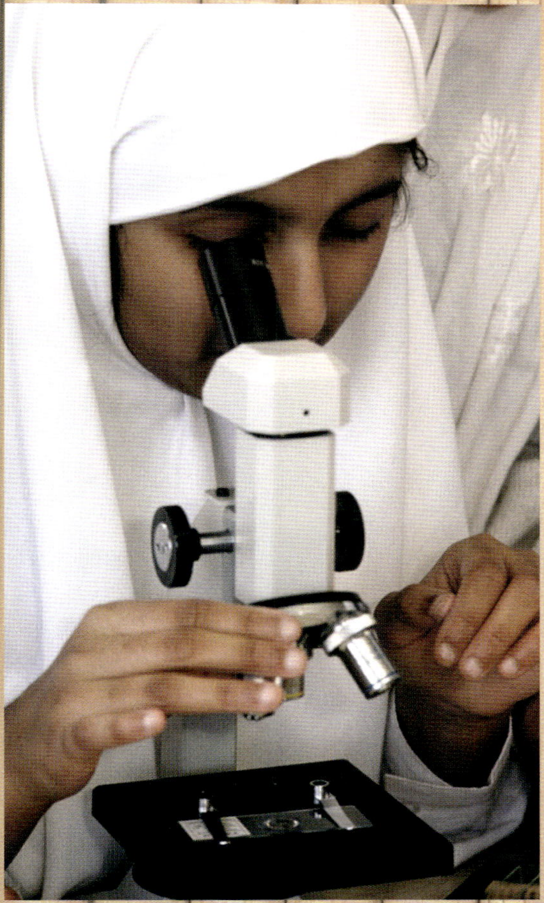

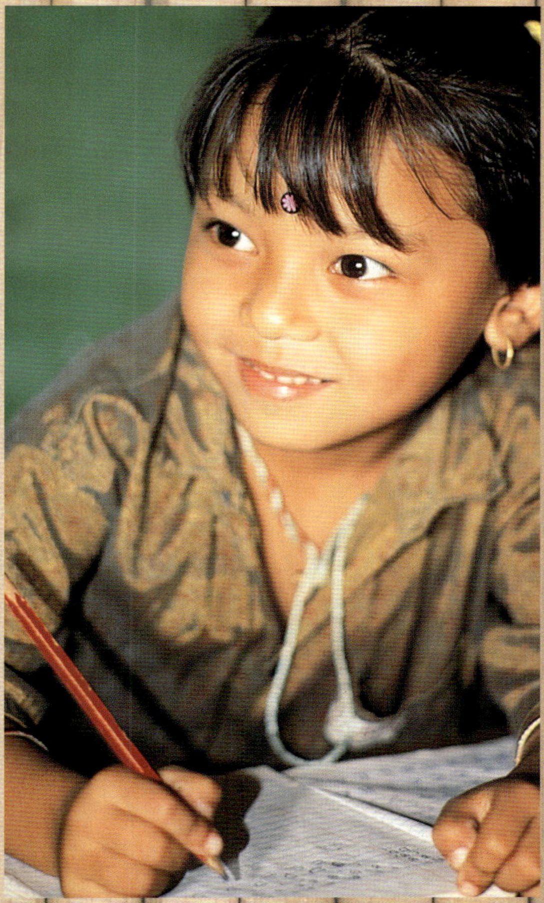

aptitudes, information, expériences

À quoi sert l'école ?

As-tu déjà souhaité ne pas devoir aller à l'école ? Des millions d'enfants dans le monde n'y ont même pas droit. Plus de la moitié sont des filles.

- **Si tu ne sais pas lire, écrire ou résoudre un simple problème,** tu auras du mal à te débrouiller seul et d'autres pourraient en profiter. Sans instruction, il est difficile d'échapper à la pauvreté. Les enfants allant à l'école ont un meilleur emploi une fois adultes et vivent plus longtemps et en meilleure santé.

- **Aller à l'école, c'est plus qu'apprendre à lire, à écrire ou à compter.** L'école est aussi le lieu où l'on apprend l'amour-propre et la dignité, où l'on s'informe sur ses droits. C'est également là que l'on découvre comment rester en bonne santé et se garder de la maladie.

Pourquoi les filles sont-elles plus souvent illettrées ?

- **1 fille sur 4** en âge d'aller à l'école à temps plein ne le peut pas.
- **En Afrique subsaharienne**, 40 % des filles environ ne reçoivent aucune éducation.
- **Dans certains pays**, les gens ne pensent pas qu'il faille accorder un enseignement aux filles.
- **Certaines doivent aider à la maison** ou travailler dans la ferme ou l'exploitation familiale.
- **Les familles ne pouvant** scolariser tous leurs enfants n'envoient généralement que les garçons à l'école.

Une personne sur 7 dans le monde ne sait pas lire ou écrire cette phrase.

Pourquoi l'éducation n'est-elle pas donnée à tous ?

- **Il existe des régions sans école ou manquant d'enseignants.** Certains enfants vivent dans des endroits sans école ni instituteur. Dans beaucoup de pays, les écoles ne peuvent prendre en charge les enfants ayant un handicap ou des besoins spécifiques.

- **Certains travaillent pour aider leur famille.** Parfois, les parents ne scolarisent que certains enfants et ont besoin que les autres rapportent un salaire. Ainsi, dans une famille, il arrive que certains enfants aillent à l'école et d'autres pas.

- **Certains n'ont pas les moyens de régler les frais de scolarité.** Certains pays sont dépourvus d'enseignement public et gratuit. Et même si la scolarité est gratuite, il arrive que les parents ne puissent pas payer pour les fournitures nécessaires (livres, cahiers, crayons…).

- **Certains n'ont pas de famille qui les aide.** Parfois, les orphelins ou les fugueurs dorment dehors. Ils luttent pour survivre, et très peu auront la chance d'aller à l'école.

Partout dans le monde, les gens prennent conscience du fait qu'instruire filles et femmes est la clé d'une vie meilleure.

L'école pour tous !

L'éducation est la clé d'un avenir meilleur, mais, pour des millions d'enfants, aller à l'école n'est pas si simple. Aux quatre coins du monde, gouvernements, organisations non gouvernementales (ONG), parents et même enfants veillent à ce que les enfants reçoivent le savoir minimal qui améliorera leur vie.

Bangladesh Encore récemment, cette petite fille travaillait toute la journée dans une usine de vêtements. L'entreprise a accepté de ne plus employer d'enfants et de participer aux frais de scolarité. Elle apprend maintenant à lire. Les écoles informelles donnent aux enfants qui travaillaient une chance d'échapper à la pauvreté.

En Corée du Nord, la sécheresse a entraîné une pénurie ; des millions d'enfants étaient trop affamés pour aller à l'école. Grâce aux programmes humanitaires, cette maternelle a reçu des provisions et sa fréquentation est passée d'à peine 20 % à plus de 90 %.

... impossible de se concentrer quand on a le ventre vide !

Cette petite fille a de la chance ; certains enfants doivent travailler et manquent l'école. Il faut les scolariser à temps partiel afin qu'ils ne perdent pas tout.

L'éducation est primordiale : si un enfant ne peut aller à l'école, c'est l'école qui doit aller à lui.

Certains petits **Australiens** vivent à l'intérieur du pays, à des centaines de kilomètres de l'école la plus proche. Le seul moyen d'étudier est de contacter les enseignants par radio et de poster les devoirs.

Kenya Pour des milliers d'orphelins comme Thomas, 12 ans, s'instruire n'était qu'un rêve avant d'aller dans ce centre de Nairobi soutenu par l'Unicef. Le centre dispense enseignement, formation et conseils aux enfants vivant ou travaillant dans la rue. Pour eux, c'est bien plus qu'une simple école – c'est un lien vital.

École égale espoir.

Thomas montre son ardoise de calcul. Il vit dans la rue depuis ses 10 ans. Recevoir une instruction est synonyme d'un avenir meilleur pour lui.

Sbongile

Il y a quelques années, Sbongile n'aurait pas pu aller à l'école primaire d'Ellerton, en Afrique du Sud. L'apartheid séparait alors les Noirs et les Blancs. Ces lois de ségrégation raciale sont désormais abolies.

UNIFORME

À l'école, Sbongile porte une chemise blanche et un survêtement blanc et bleu marine. Son écusson porte l'inscription « Ellerton ».

TRAJET

Ellerton se situe près des côtes, à Sea Point, loin de chez Sbongile. Sa mère la réveille à 4 h 30 pour qu'elle parte pour l'école à 5 h 50.

« Le conducteur prend 16 enfants en charge ; je suis la première. Il va ensuite chercher les autres. J'arrive à l'école à 7 h 30. »

« J'emporte livres et crayons. Parfois je prends des sandwiches au thon, au fromage, ou au bacon et à l'œuf. Parfois, maman me donne de quoi acheter une tarte ou un samosa à la boutique de l'école. »

Afrique du Sud

L'Afrique du Sud occupe la pointe sud du continent africain. Le pays est riche en ressources naturelles telles que le charbon, l'étain, le minerai de fer, l'or et les diamants.

LANGUES

Les élèves d'Ellerton parlent au moins sept langues autres que l'anglais et l'afrikaans, comme le xhosa, le zoulou et le sotho, des langues locales.

« Nous sommes 23 dans ma classe. Nous avons de la chance : dans d'autres, ils sont 40 environ. Nous sommes assis par groupes de 6. »

Le livre de maths de Sbongile

FRESQUES

Des peintures aux couleurs vives décorent l'école. Sbongile adore Ellerton, mais en arrivant, elle trouvait le règlement très strict.

« Dans la cour, nous jouons aux quatre coins et aux gendarmes et aux voleurs, mais j'aime surtout les jeux de balle avec mes amis. »

Un dessin de Sbongile

L'ASSEMBLÉE

Chaque semaine à l'assemblée, les enfants chantent l'hymne de l'école et l'hymne national. Ils ont des cours de maths, d'anglais, d'afrikaans, de sciences et d'histoire. Sbongile a une préférence pour les matières scientifiques.

« Parfois, nous faisons des gâteaux en classe. En musique, nous apprenons des chansons. Nous avons aussi informatique, travaux manuels et lecture. En été, nous allons à la piscine de l'école. »

Sbongile et ses amis

Maria

Il y a six ans, en Afghanistan, les filles n'avaient pas le droit d'aller à l'école. Les choses ont changé. À Kaboul, Maria étudie dans une école de filles administrée par le nouveau gouvernement, aidé par l'Unicef.

La vie en Afghanistan

En 2002, un nouveau gouvernement est arrivé au pouvoir. Depuis, les femmes disposent d'écoles et ont la possibilité de s'instruire. Maria a eu la chance d'atteindre l'âge scolaire au moment où les écoles s'ouvraient.

« Quand j'étais trop petite pour aller à l'école, j'étudiais chez moi. Ma sœur aînée Tamana m'a aidée à apprendre à lire et à écrire. »

Lève-tôt

Maria se lève tôt pour être à l'école à 7 h. Elle porte l'uniforme scolaire, une élégante tunique et un pantalon noirs, et un foulard blanc.

« Il faut 30 minutes à pied de la maison à l'école. Je vais à l'école avec deux de mes sœurs. Mes frères vont dans une autre école. »

Afghanistan

En Afghanistan, moins de 1 femme sur 5 (et 1 homme sur 2) sait lire. Grâce au nouveau gouvernement, l'école est désormais accessible à bien plus de filles.

L'heure des cours

Les élèves sont installées sur un tapis. Maria s'assoit près de sa meilleure amie, Hafiza. Elle travaille dur pour devenir institutrice.

« Le dari (persan afghan) est ma matière préférée. C'est la langue que nous parlons, je la trouve facile. »

S'amuser entre amies

Maria joue avec ses amies et mange un casse-croûte préparé à la maison. Son école n'accueille que des filles.

« J'aime sauter à la corde pendant la récré, mais ce que je préfère dans l'école, c'est jouer au foot ! »

Cadeau de l'Unicef

Chaque élève de l'école de Maria a reçu une sacoche et des cahiers d'exercices offerts par l'Unicef.

Sacoche

Livres de classe

« Deux de mes souhaits sont d'avoir une nouvelle maison et de rester à Kaboul. »

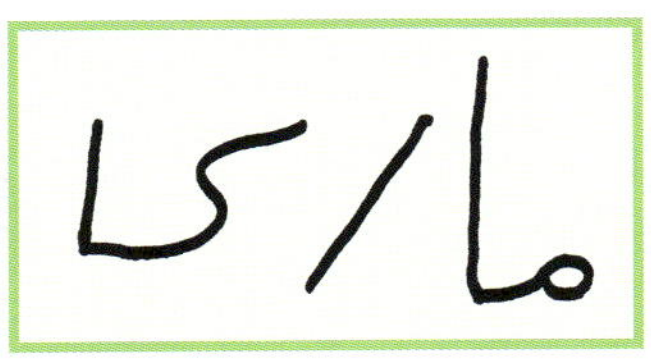

Le nom de Maria écrit en dari

Chaque enfant a le droit de

jouer

courir, sauter, se réunir,

Une affaire sérieuse

Il est vraiment primordial de jouer.

Les jouets coûteux ne sont pas nécessaires, un peu d'imagination suffit. Les enfants n'ont pas besoin de parler la même langue pour s'amuser ensemble. Le sport développe ton corps, les jeux d'équipe t'apprennent à communiquer avec les autres et « faire semblant » exerce ton imagination.

faire semblant, imaginer, rire

À quoi sert le jeu ?

Jouer ne semble pas forcément une activité essentielle. Pourtant, c'est pour un enfant la principale façon de se préparer à grandir.

- **Jouer seul** t'apprend à penser par toi-même et à apprécier ton propre comportement.
- **Jouer à plusieurs** t'apprend à t'entendre avec les autres et à bien t'intégrer à un groupe.
- **Jouer** te permet d'être créatif et d'explorer en toute sécurité le monde qui t'entoure.
- **Jouer** t'entraîne à être débrouillard et à faire travailler ton imagination.

faire semblant, jouer la comédie, chanter,

Beaucoup d'enfants ne jouent pas.

- Ils doivent **travailler** de longues heures.
- C'est trop **pollué, sale** ou **dangereux** dehors.
- La **guerre** fait rage, ou vient de s'achever.
- Ils ont **souffert** moralement ou émotionnellement.

Combien de sortes de jeux y a-t-il ?

- **Tu peux t'amuser seul** en jouant sur ton lit, en lisant, en te déguisant ou en tenant un journal.
- **Tu peux jouer avec d'autres** dans la cour, au parc ; avec un jeu de société ou en inventant tes propres jeux.
- **Tu peux avoir un passe-temps** comme collectionner des autocollants ou des cailloux, jouer d'un instrument, faire des tours de magie ou t'occuper d'un animal de compagnie.
- **Tu peux créer des choses** en dessinant ou en peignant, en fabriquant une maquette d'avion, en faisant un gâteau ou en inventant un monstre.
- **Tu peux faire du sport.** Les sports d'équipe comme le football t'apprennent à t'entendre avec les autres. La gymnastique, la course et la natation te donnent confiance en toi. Tous les sports t'aident à rester en forme et en bonne santé.

Tu n'as pas besoin de jouets, mais il te faut du temps et un endroit où te retrouver seul ou avec tes amis pour t'amuser.

Interdit aux adultes !

Difficile de jouer quand un adulte regarde par-dessus ton épaule. Chaque enfant a droit à son intimité.

jouer aux cubes, à cache-cache, se poursuivre, peindre

En effet, ce n'est pas facile de jouer quand :

- On est **sans énergie** parce qu'on n'a pas assez à manger.
- Il n'y a **pas de place** pour jouer à l'intérieur.
- Il faut **s'occuper** tout le temps de ses jeunes frères et sœurs.
- On est **malade**.

Jouer peut être salissant !

Vive le jeu !

Quand il s'agit de jouer, les enfants sont spécialistes ! Dedans ou dehors, avec ou sans jouets, ils trouvent toujours le moyen de s'occuper et de s'amuser.

Afrique du Sud Des enfants jouant dans une cour de récréation.

... **C'est amusant de faire des bonds, on se sent bien, mais c'est aussi fatigant.**

Botswana Jouant à un jeu appelé *makaroo,* ce garçon est assis au centre d'un cercle de chaises autour duquel courent d'autres garçons.

... **il y a des jeux auxquels on ne peut jouer qu'à plusieurs. Quels autres jeux demandent beaucoup de participants ?**

Philippines Faire un puzzle et jouer aux cubes demandent calme et concentration. Ce genre d'occupation devient vite très absorbant.

... C'est parfois agréable de jouer près d'autres enfants sans forcément jouer avec eux. On peut échanger des idées et continuer à faire les choses comme on l'entend.

Pérou Regarde comment ce garçon utilise tout son corps. Jouer au foot t'implique tout entier, pas seulement tes pieds et la balle !

... Le football est sans doute le jeu le plus populaire du monde.

Kenya Ce petit Africain a créé ce bus avec du papier, du carton… et beaucoup de temps et d'imagination.

... Tu peux t'amuser à fabriquer un objet et jouer avec !

Cuba Ces trois jeunes Ukrainiens jouent aux échecs dans un camp spécial pour les enfants irradiés de la région de Tchernobyl.

... Une partie d'échecs peut prendre des heures, car les joueurs réfléchissent longtemps aux manœuvres.

Michael

Michael, sa sœur et leurs paren habitent un ranch en plein cœur de l'Australie. Comme il vit très loin de l'école la plus proche, Michael fait son travail scolaire seul et communique avec son instituteur grâce à une radio.

Australie
La population australienne est faible comparée à la taille du pays. Certaines familles d'éleveurs vivent à des centaines de kilomètres de leurs voisins.

ANIMAUX

Le ranch abrite d'autres animaux que le bétail et les moutons. La famille élève des poules pour leurs œufs et des canards pour leur viande. Il y a aussi des chiens et des chevaux qui aident à rassembler le troupeau.

« J'aide à nourrir et abreuver chiens, poules, canards, chevaux et bétail. Quand je serai grand, j'aimerais avoir mon propre ranch pour faire comme papa. »

Dehors

Michael est souvent dehors. Il adore emmener les chiens en promenade et faire du vélo dans le ranch. Deux fois par an, il part camper et retrouve des enfants de son âge.

Moutons

Le ranch compte 1 200 moutons et 550 bovins. Une fois par an, les moutons sont tondus. Michael et Rebecca aident à la tonte, mais l'essentiel du travail est réalisé par des ouvriers agricoles.

« Après les cours, je discute avec mon ami Naish grâce à la radio de l'école. Il habite Bulgunnia Station, à 630 kilomètres. »

Le livre préféré de Michael

Règles du football australien

On shoote, mais les joueurs ont aussi le droit de courir avec la balle dans les mains. Si Michael et Rebecca pratiquent ce sport, ils ne peuvent pas disputer un vrai match – il faut deux équipes de 18 joueurs !

« Ce que je préfère dans cette partie de l'Australie, ce sont les moulins, les grands espaces et les couchers de soleil. Le pire, c'est de ne pas voir mes amis. »

L'ours préféré de Michael

Jeux et jouets

Michael s'amuse seul avec ses jouets – des camions, des tracteurs et une moto. Il adore lire de petits magazines consacrés à l'intérieur de l'Australie. Il regarde aussi la télévision et joue à des jeux vidéo.

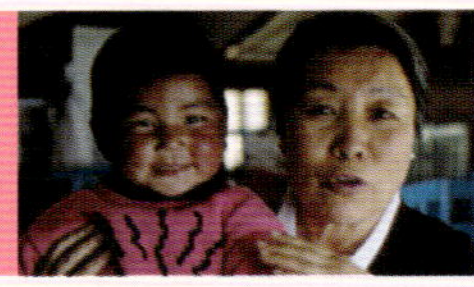

3. Se sentir en sécurité

Chaque enfant devrait avoir quelqu'un qui lui donne de l'**amour** et de l'**attention.**

Chaque enfant devrait être à l'abri de tout **travail** qui l'exploite ou le met en danger.

Sécurité – nom féminin 1. Situation de tranquillité et d'absence de danger ou de risque d'agression.
2. Sentiment de sérénité.

Le **handicap** ne devrait empêcher aucun enfant de mener une vie normale.

Les enfants doivent être préservés des conflits et des destructions de la **guerre.**

Chaque enfant a besoin

d'attention

amour, attention, câlins, soutien,

Quelqu'un pour veiller sur toi

Les enfants ont besoin du soutien d'adultes aimants.

Ce sont souvent les parents qui jouent ce rôle, mais pas toujours. Les adultes qui s'occupent des enfants devraient veiller avant tout à leur bien. Chaque enfant a besoin d'un adulte qui puisse l'écouter, le réconforter quand il a mal ou qu'il est triste, et l'encourager à être attentif aux autres.

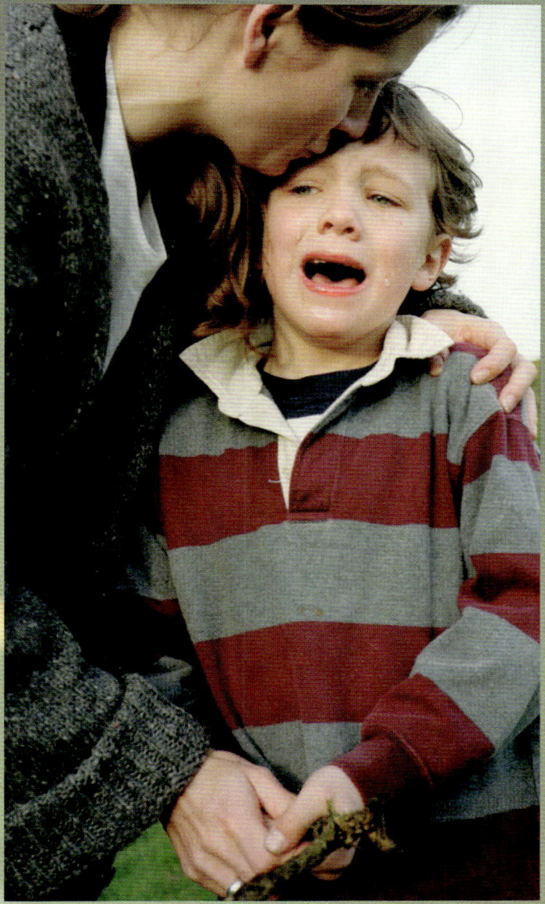

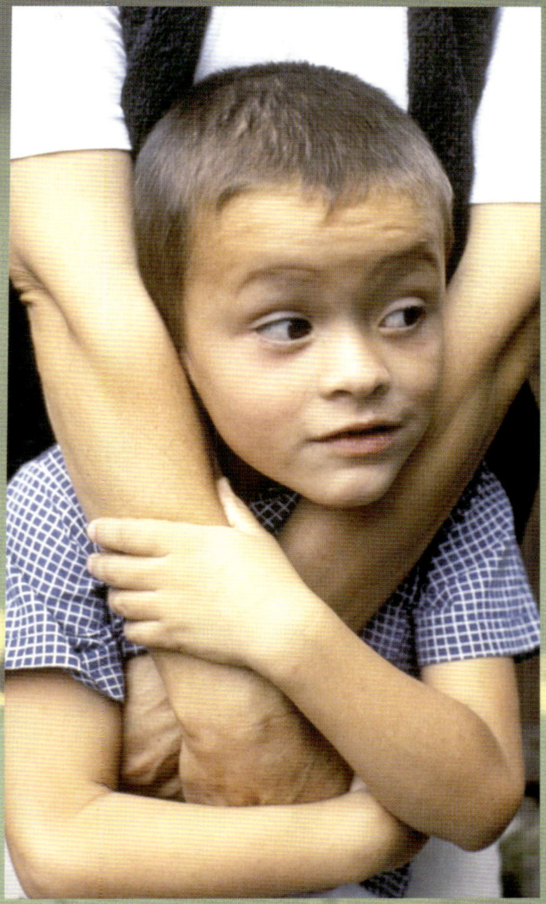

sécurité, rires, compagnie

Qui t'aime et s'occupe de toi ?

Chacun a besoin de quelqu'un qui veille sur lui.

- **Tu ne fais pas que partager** la maison de ceux avec qui tu vis – tu partages aussi ta vie avec eux. Ils t'aiment et prennent soin de toi.

- **Les enfants peuvent vivre** avec leur mère, leur père, leurs oncles, leurs tantes, leurs cousins, leurs frères ou leurs sœurs aînés, leurs grands-parents, leurs beaux-parents, leurs parents nourriciers, leurs parents adoptifs, ou encore le copain ou l'amie d'un de leurs parents, ou des amis.

- **Ta famille** peut ne comporter qu'une personne, ou 20. Ses membres peuvent être jeunes ou âgés, hommes ou femmes – l'important, c'est qu'ils t'aiment.

L'amour fait tourner le monde.

Ils préparent ton **dîner** et te font finir tes **légumes verts**.

Ils te demandent si tu as des **devoirs** et **t'aident** à les faire.

Avant que tu ne saches lire, ils te **lisaient** des **histoires** et **chantaient** pour toi.

Certaines familles ne peuvent veiller sur leurs enfants à cause de…

● **La pauvreté** Certaines familles, accablées par la pauvreté, ne peuvent s'occuper de tous leurs enfants. Il arrive qu'un enfant quitte sa maison pour trouver du travail.

● **La mort** Quand les parents meurent, les enfants vont souvent vivre chez des membres de la famille. Si nul ne prend soin des orphelins, ils peuvent finir sans-logis.

● **Les violences familiales** sont une terrible réalité pour certains enfants. Les victimes peuvent fuguer et se retrouver à la rue.

● **La guerre** Dans les années 1990, la guerre a rendu orphelins ou a séparé de leur famille plus d'un million d'enfants. Des organismes comme l'Unicef œuvrent pour les réunir.

Et après ?

Quelquefois, le gouvernement du pays s'assure que l'on veille sur ces enfants en les logeant dans un orphelinat ou un foyer d'accueil, ou en trouvant des parents adoptifs.

Grandir seul

Plus de 13 millions d'enfants de moins de 15 ans ont perdu un de leurs parents ou les deux à cause du sida.

1 million d'enfants par an au moins perdent leur mère à la naissance.

Des millions d'enfants vivent seuls dans la rue.

Pense à ce que ta famille fait pour toi.

Ils t'achètent tes **vêtements** et tes **chaussures.**

Ils te font ranger ta **chambre** et te disent **d'aller au lit !**

Ils essaient toujours de **t'aider.**

Histoires de famille

Comme les hommes, les familles prennent des formes et des tailles diverses. Les membres d'une famille sont souvent apparentés, mais ce n'est pas toujours le cas. Peu importe la taille de ta famille, pourvu que tous ses membres se soutiennent et s'aiment.

Burundi De terribles combats ont ravagé le Burundi, faisant de nombreux orphelins. Une femme appelée Maggy a ouvert un foyer d'accueil où elle s'occupe de tous les enfants sur la photo ci-dessous.

Les enfants provisoirement sans foyer vivent dans une famille d'accueil. Parfois ils retournent chez eux ou sont définitivement adoptés par une nouvelle famille.

Lesotho Cette femme et son fils sont hébergés dans un centre tenu par des religieuses catholiques. Plus de quarante jeunes femmes y vivent, certaines avec des enfants. Elles reçoivent une formation et fabriquent des objets vendus au marché.

Certains parents ne vivent plus ensemble. Les enfants vivent normalement chez leur père ou leur mère, mais peuvent rendre visite à l'autre parent.

Royaume-Uni Cette famille se compose du père, de la mère et d'un enfant adopté. Les enfants dont les parents sont morts ou incapables de s'occuper d'eux peuvent être adoptés par une nouvelle famille. Les candidats sont soumis à une enquête ; on veut s'assurer qu'ils feront de bons parents.

... Il est normal que les enfants adoptés pensent parfois à leurs parents naturels, même s'ils sont heureux et en sécurité avec leur famille adoptive.

Pakistan Dans nombre de pays, il est courant que plusieurs générations vivent sous le même toit. Au Pakistan, quand un homme se marie, sa femme le rejoint généralement dans la maison de ses parents. Leurs enfants grandissent entourés d'oncles, de tantes et de cousins.

... Dans une grande famille comme celle-ci, on n'a jamais besoin d'une baby-sitter car il y a toujours quelqu'un pour s'occuper des enfants !

Chine Cette petite famille se compose de deux parents et d'un seul enfant.

... La Chine est légèrement plus petite que les États-Unis mais compte quatre fois plus d'habitants : c'est un pays très densément peuplé.

Finlande La famille Oikarinen compte 20 enfants – 6 garçons et 14 filles. Ils ont de 3 à 27 ans.

... En Finlande, le nombre moyen d'enfants par famille n'est que de 1,8 mais Bertta et Seppo Oikarinen font partie d'un mouvement religieux encourageant ses membres à avoir une famille nombreuse !

Ivana

Il y a encore deux ans, Ivana vivait dans une institution pour adultes et enfants. Certains résidants avaient une maladie ou un handicap d'ordre mental, d'autres étaient physiquement handicapés et d'autres encore n'avaient aucune infirmité. Les conditions de vie étaient mauvaises et peu recevaient les soins nécessaires.

Serbie-et-Monténégro
Après des années de guerre dans les Balkans, la paix est revenue au Kosovo et la région se reconstruit. La plupart des Kosovars sont d'origine albanaise.

MAISON D'ENFANTS

Pour ses 10 ans, Ivana est venue vivre dans une maison d'enfants flambant neuve, avec juste huit autres enfants et des éducateurs.

« Je me couche tard pour parler et jouer avec Marina et Jasmina, mes camarades de chambre. Ce sont mes meilleures amies. Je suis très heureuse dans ma nouvelle maison. »

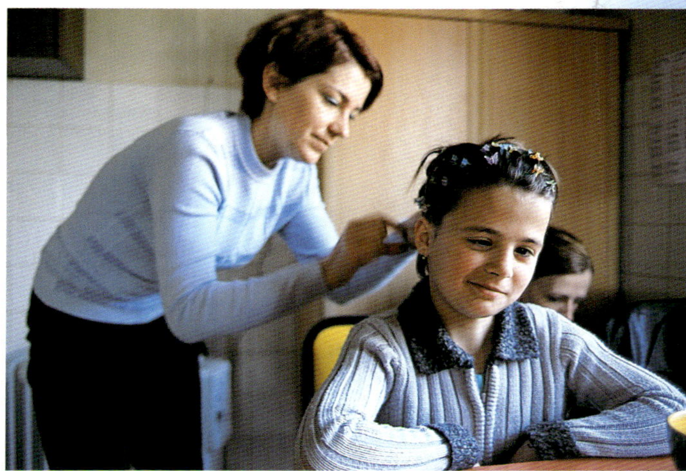

ÉDUCATEURS

Les éducateurs s'occupent des enfants et leur font plein de câlins et de bisous.

« Plus tard, j'aimerais être infirmière et faire les piqûres très doucement pour que les bébés n'aient pas mal et ne pleurent pas. »

ÉCOLE

Ivana ne suivait aucun cours à l'institution. Depuis qu'elle habite cette maison, elle va à l'école primaire.

« J'aime l'école, mais pas quand il y a trop de devoirs et que je n'ai pas le temps de jouer avec mes amis à la maison. »

« Tous mes jouets sont super ! »

Aucun enfant ne devrait être exploité par

le travail

fatigant, bas salaire, longues heures,

Travailler pour vivre

La plupart des adultes travaillent pour gagner de l'argent.

Beaucoup d'enfants doivent travailler pour aider leur famille. Quand un enfant travaille, il n'a pas de temps pour autre chose. Travailler peut être amusant et participer au développement de l'enfant, mais aucun travail ne devrait empêcher d'apprendre, de jouer ou de profiter de son enfance.

pénible, aucun loisir, exploitation

Pourquoi travailler ?

Plus de **210 millions** d'enfants de 5 à 14 ans travaillent pour gagner leur vie. Plus de la moitié ont un travail dangereux. Les enfants travaillent souvent de longues heures dans de mauvaises conditions, pour un maigre salaire.

- **La plupart des enfants** travaillant à temps plein doivent aider leur famille. Même s'ils sont mal payés, leur salaire peut faire la différence.
- **Les enfants** qui travaillent sont privés des joies simples de l'enfance et leur vie devient une vraie corvée.
- **Beaucoup d'entreprises** emploient de jeunes enfants qu'elles peuvent payer très peu ou pas du tout, et exploiter facilement.
- **Certains travaux** sont dangereux et peuvent provoquer des retards de croissance et des accidents.
- **Certains travaux à temps partiel** conviennent aux enfants.
- **Concernant le travail des enfants,** il faut bien faire la distinction entre exploitation et travail inoffensif.

Le travail des enfants n'est pas toujours nuisible.

Certaines formes de travail sont acceptables si…

- tu n'es pas trop jeune pour ce travail ;
- tu peux arrêter quand tu veux ;
- cela ne t'empêche pas d'aller à l'école ou de jouer ;
- tu reçois un salaire correct ;
- ce n'est pas dangereux pour ta santé physique ou mentale ;
- tu peux encore passer du temps avec ta famille ;
- tu es traité comme il faut et as quelqu'un à qui te plaindre.

Il est inacceptable de travailler si…

- tu es trop jeune pour ce travail ;
- les conditions de travail sont nuisibles ou dangereuses ;
- tu ne peux pas arrêter quand tu veux ;
- tu es payé peu ou pas du tout ;
- cela t'empêche d'aller à l'école ;
- cela te sépare de ta famille ;
- tu es traité injustement ou mal.

Le problème du travail des enfants

Certaines formes de travail sont tout à fait inacceptables et ne devraient être tolérées nulle part.

Beaucoup d'enfants n'auront jamais la chance de n'être que des enfants

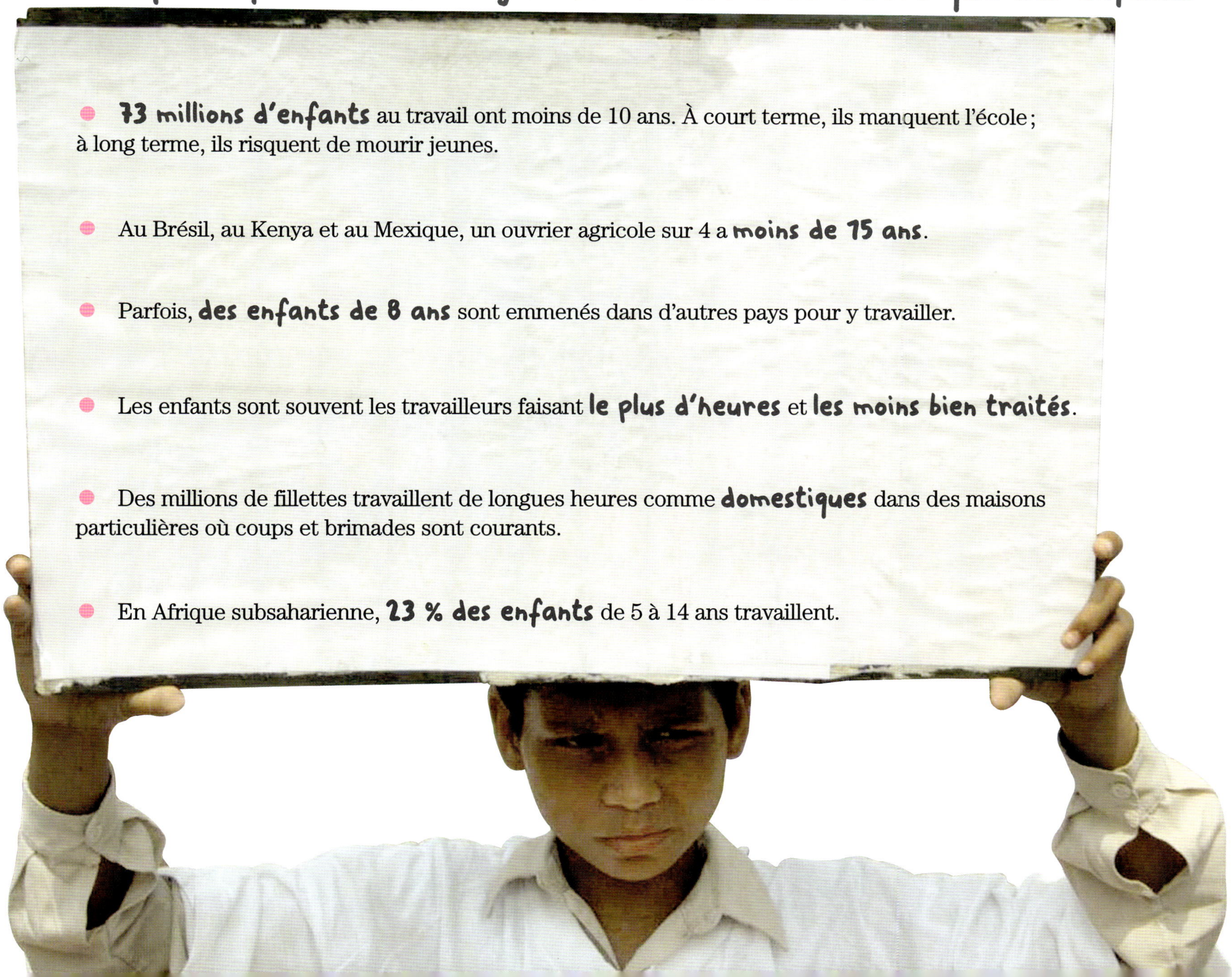

Travailler dur

La plupart des pays ont voté des lois limitant le temps de travail des enfants et réglementant l'âge pour le temps plein. La principale raison en est que les enfants ont déjà du travail – leurs devoirs d'école – et que c'est ce qui devrait primer.

Équateur Comme un tiers de la population équatorienne, Rosita travaille dans l'agriculture. Ici, elle aide à moissonner le blé. C'est un travail très pénible quand il est fait à la main et non avec une machine.

Les travaux des champs sont souvent saisonniers. Lors des moissons, il arrive que les écoles des zones rurales ferment pour que les enfants puissent aider leur famille.

Mauritanie Mame Diara, orpheline, vit chez ses cousins. Elle accomplit la plupart des travaux ménagers : elle s'occupe du ménage, de la cuisine et des animaux.

... **Nous oublions souvent que les enfants sont des millions à travailler, parfois aux champs, à l'usine, mais aussi chez des particuliers.**

Royaume-Uni Douglas vit dans une ferme. Il donne un coup de main dès qu'il n'est pas à l'école. C'est lui qui nourrit les trois chiens de berger et les deux chiens de compagnie.

... **Douglas n'est pas exploité. Au Royaume-Uni, les enfants sont autorisés à travailler quelques heures par jour tant que cela ne leur fait aucun tort et ne gêne pas leur scolarité.**

Irak Dana, 10 ans, vend des bonbons dans une rue d'Erbil. Il ne gagne pas beaucoup d'argent comparé aux longues heures de travail. Il court aussi le risque de tomber malade ou de se faire voler.

... **En plus de ne recevoir aucune instruction, les enfants travaillant dans la rue sont des cibles faciles pour les criminels. Ils sont exposés à la violence et aux mauvais traitements.**

Arif

Un programme spécial a donné à Arif, habitant d'un bidonville, la chance de travailler comme reporter pour une émission télé réalisée par et pour les enfants. *Mukta Khabor* lui a permis de se surpasser.

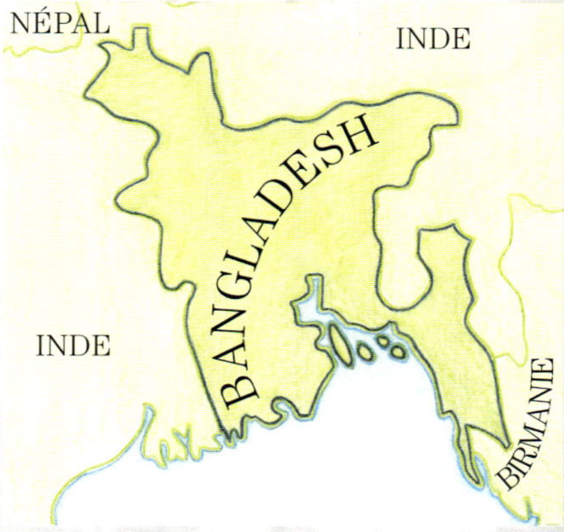

Bangladesh
Environ 60 % des Bangladais n'ont pas assez d'argent pour vivre. Près de 25 % de la population a entre 12 et 17 ans.

Atelier de rickshaws

Comme beaucoup d'enfants démunis, Arif travaillait tout en allant à l'école. Son travail était difficile et très mal payé.

« Mes mains étaient douloureuses après des jours à peindre des rickshaws. Maintenant, les choses ont changé. »

Rickshaw

GRAINES DE JOURNALISTES

L'équipe de *Mukta Khabor*, assurant seule les recherches, le tournage des reportages et la direction de la rédaction, est un modèle pour les jeunes Bangladais.

Le logo de *Mukta Khabor*

« Je gagne quatre fois plus qu'avec mon ancien travail, et j'apprends chaque jour. »

PEINTURE

Grâce à son travail à l'atelier, Arif s'est découvert un talent artistique ; il est devenu un bon peintre. Il aime toujours peindre durant son temps libre.

« J'aime quand les gens du quartier disent à mes parents qu'ils m'ont vu à la télé. »

Une œuvre d'Arif

FAMILLE

Arif a trois frères – Sharif a 9 ans, Rajiv 7 ans et Raju 4 ans. Arif est heureux d'aider sa famille grâce à l'argent qu'il gagne avec *Mukta Khabor*.

« Si j'étais président, j'aiderais les parents pour qu'ils ne soient pas obligés de faire travailler leurs enfants. »

CUISINE COMMUNE

La mère d'Arif prépare un plat de poisson dans la cuisine qu'ils partagent avec d'autres. Tous les membres de la famille mangent ensemble.

Aucun enfant ne devrait faire

la guerre

danger, terreur, peur,

Pas pour les enfants

La guerre est une réalité pour beaucoup d'enfants.

La guerre déracine les familles et détruit les communautés. Après une guerre, il faut aider les enfants à reconstruire leur vie. Les enfants sont les victimes les plus innocentes de la guerre. Parfois, ils sont enrôlés de force et doivent se battre. On leur vole leur enfance.

tanks, soldats, destruction, mort

Qu'arrive-t-il pendant la guerre ?

Aucun enfant n'a jamais déclaré la guerre, mais des enfants se battent et meurent à cause de la guerre chaque jour. Aucun enfant ne devrait connaître la guerre.

- **La vie normale** est impossible pendant la guerre. Les communautés éclatent lorsque les gens doivent quitter leur maison ; hôpitaux et écoles sont détruits.

- **Les familles** sont touchées par la guerre. Les enfants peuvent être séparés de leur famille. Beaucoup de personnes sont tuées ou blessées, tant physiquement qu'émotionnellement.

- **Les dommages** persistent longtemps après la fin de la guerre. Les enfants et leurs familles doivent reconstruire leurs vies d'une manière ou d'une autre et réapprendre à vivre normalement.

La guerre n'est pas un jeu.

Pendant les années 1990, la guerre a tué plus de **2 millions d'enfants**.

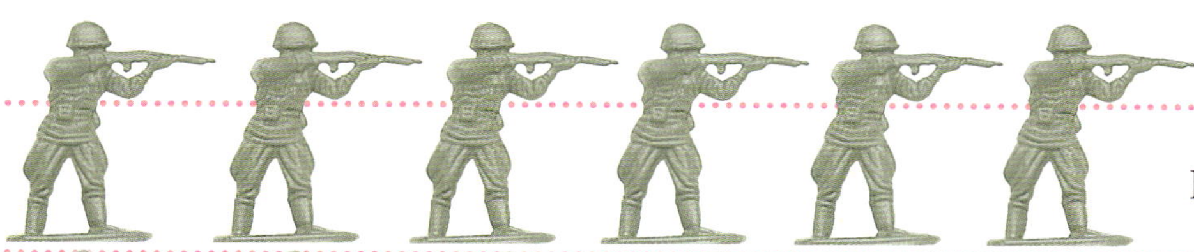

28 millions de femmes et d'enfants ont dû fuir.

Des conflits armés font rage dans plus de **30 pays**.

La guerre a blessé **6 millions d'enfants**.

Les enfants ont le droit d'être protégés des dangers de la guerre.

La guerre tue, mais elle détruit aussi la vie normale de bien d'autres façons.

- **La guerre détruit la vie.** La plupart des tués ou des blessés ne sont pas des soldats mais des civils sans défense. Ce sont les femmes, les enfants et les personnes âgées qui souffrent le plus.
- **La guerre détruit l'enfance.** Les enfants ayant vécu des atrocités réagissent différemment. Certains peuvent se sentir déprimés ou sans espoir. D'autres peuvent se mettre en colère ou devenir violents.
- **La guerre détruit les foyers.** Des gens sont forcés de quitter leur maison et leur pays et deviennent des réfugiés. Souvent, ils ne reviennent jamais. La guerre a jeté des millions d'enfants dans la rue.
- **La guerre détruit le jeu.** Longtemps après, des mines antipersonnel dans les écoles, les cours de récréation et les champs continuent de blesser et de tuer enfants et adultes.

Mines antipersonnel : les chiffres

Chaque année, plus de 10 000 enfants sont blessés ou tués par des mines.

Les enfants de 90 pays sont exposés aux mines antipersonnel.

Il faut moins de 3 euros pour fabriquer une mine… et 1 000 euros pour la trouver et la détruire sans danger.

La guerre fait souffrir des innocents.

Et des **millions** d'autres sont morts de faim et de maladies causées par la guerre.

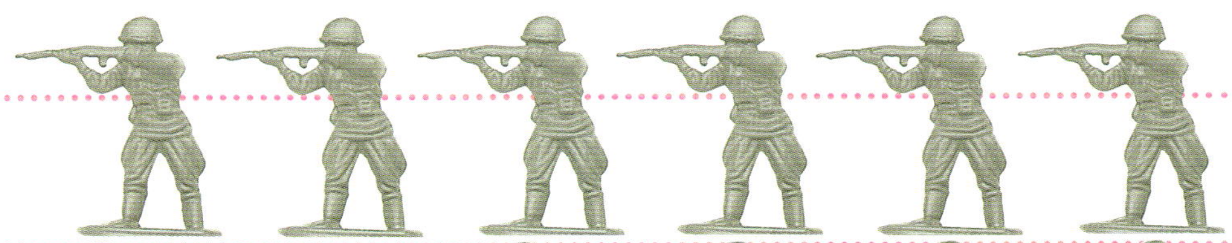

Beaucoup ne sont jamais rentrés **chez eux**.

300 000 enfants environ y combattent.

Les mines antipersonnel blessent ou tuent **30 enfants** chaque jour.

Les enfants touchés par la guerre peuvent avoir besoin d'aide pour se remettre.

Après la guerre

La guerre fait du mal à tous et aux enfants en particulier. Comment la guerre et les conflits touchent-ils les enfants ? Comment les aide-t-on à se remettre après les combats ?

Soudan Durant la guerre civile, ces enfants ont été enrôlés de force comme soldats. Cet avion les emmène maintenant dans un centre de transit où ils recevront des soins médicaux, une instruction et un soutien psychologique. L'Unicef et d'autres organismes feront tout pour retrouver leurs familles. Espérons qu'ils pourront bientôt rentrer chez eux et retrouver une vie normale.

Main dans la main, ces anciens enfants-soldats montent dans un avion de l'ONU qui les emmènera vers une vie meilleure.

Tourner le dos à la guerre Le vrai travail débute après les combats. Il faut rebâtir maisons et communautés, réunir les familles. Les écoles rouvrent et les enfants commencent à rattraper le temps perdu.

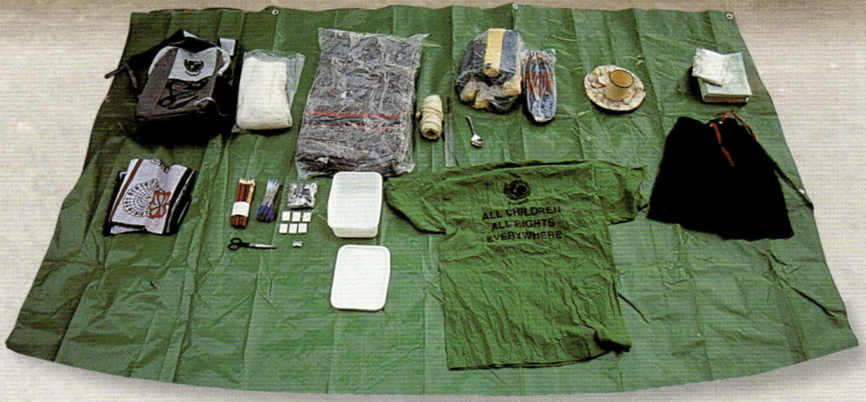

Kit d'urgence Un kit contenant biscuits protéinés, pansements, fournitures scolaires et tee-shirt avec l'inscription « Tous des enfants. Tous des droits. Partout » est remis aux anciens enfants-soldats soudanais pour les aider à retrouver une vie normale.

Rwanda Ces garçons ont survécu aux massacres. On les aide maintenant à surmonter leur traumatisme. Dans ce centre de prise en charge psychologique soutenu par l'Unicef, ils manient des armes factices qu'ils ont fabriquées et miment les faits dont ils ont été témoins.

... La guerre avait séparé les membres de cette famille mais les organisations humanitaires les ont à nouveau réunis.

Angola Bien que la guerre soit finie, le danger subsiste. Cet homme apprend aux enfants d'un camp de déplacés à se méfier des mines antipersonnel enterrées. On estime qu'il reste encore en Angola de 10 à 15 millions de mines non explosées, et pas moins de 50 à 100 millions dispersées dans le monde.

Mines antipersonnel désamorcées

... Les mines antipersonnel sont des armes cruelles qui font surtout des victimes chez les civils, bien après le conflit. Une convention vise à en interdire l'usage, mais certains pays refusent de la signer.

Yougoslavie Cet enfant protège de son parapluie sa mère qui berce son cadet. Cette famille attend le bus qui les mènera à l'abri, dans la proche Albanie. Comme beaucoup d'autres, ces réfugiés ont quitté leur maison à la hâte et perdu la plupart de leurs biens.

... En fuyant le conflit, les familles sont souvent séparées. L'Unicef œuvre pour réunir les enfants et leurs parents.

Les noms ont été changés pour protéger les personnes concernées.

« J'aime le foot. Si je ne deviens pas médecin, j'aimerais devenir footballeur professionnel. »

Isa

Pendant la guerre, des combattants sierra-léonais sont venus chez Isa et l'ont emmené. Il a été libéré après deux ans, avec d'autres enfants enlevés comme lui. Il est maintenant rentré chez lui.

À NOUVEAU RÉUNIS

Une organisation appelée Caritas s'est occupée d'Isa pendant un an, puis il est rentré chez lui. Récemment, Isa s'est rendu à une fête de Noël organisée par Caritas.

« J'ai deux frères, T-Boy et Yasuf, et deux sœurs, Sally et Kai. Ma dernière petite sœur, Marie, n'a que cinq mois. Je joue aussi avec mes cousins, Momoh, Jeneba et Fatu. »

Sierra Leone

La guerre civile en Sierra Leone a fait d'innombrables morts. Près de 1 habitant sur 3 a dû fuir sa maison.

JOUER ENTRE AMIS

Isa n'a pas de jouets, mais il y a toujours des enfants avec qui s'amuser.

« J'aime jouer aux dames avec mon meilleur ami, Brima. On s'amuse aussi à se lancer la balle. »

Jeu de ballon

LE TEMPS DES RÉCOLTES

Personne ne cultive la terre en temps de guerre, car il faudra peut-être fuir avant la récolte. Maintenant que la paix est revenue, Isa a planté des arachides.

« J'aimerais aider mon pays parce que beaucoup a été détruit et doit être rebâti. »

« Je veux être médecin. »

L'HEURE DE L'ÉCOLE

Vêtu de l'uniforme, un livre à la main, Isa va à l'école avec son père. Il y étudie les maths, l'anglais, la géographie, les sciences sociales et la Bible.

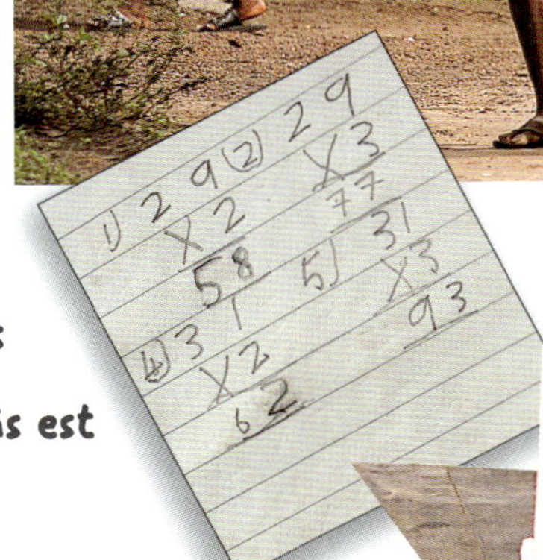

« J'ai perdu trois années à cause des combats. Maintenant, j'ai 10 ans et je suis heureux d'aller à l'école. L'anglais est ma matière préférée. »

Aucun enfant ne devrait être gêné par

un handicap

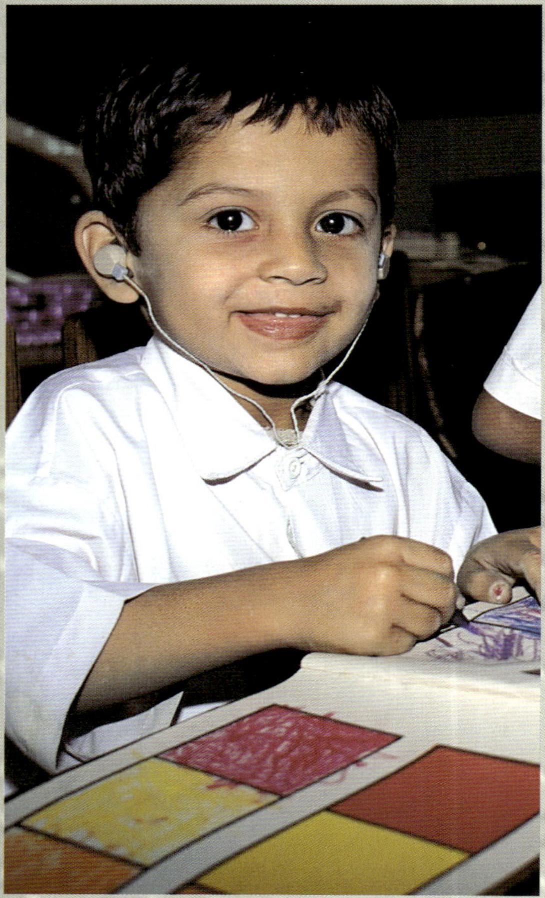

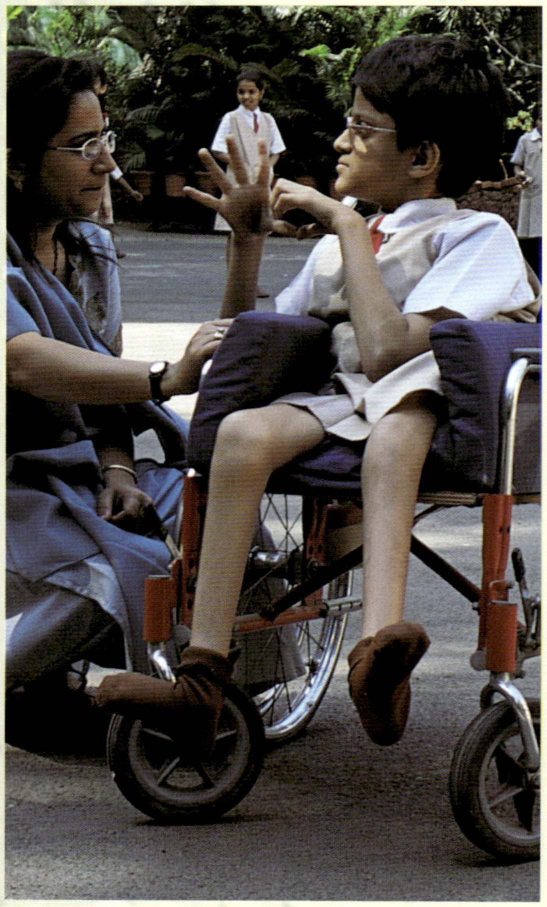

respect, courage, patience,

Profiter de la vie

Nous méritons tous de pouvoir faire de notre mieux.

Les handicapés peuvent avoir besoin de davantage d'aide. Les aider, c'est d'abord les comprendre et prendre soin d'eux. On ne peut pas toujours éviter le handicap, mais on peut veiller à ce que les handicapés aient les mêmes chances que tous.

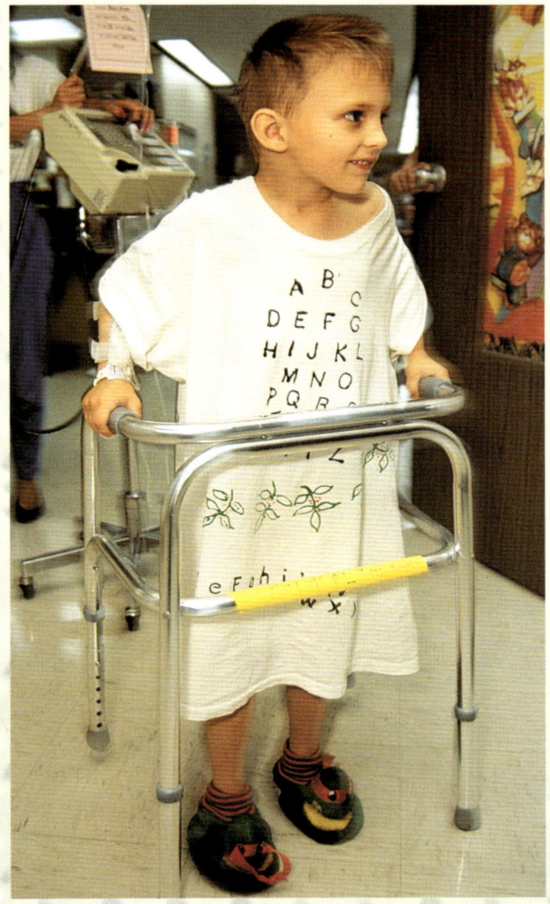

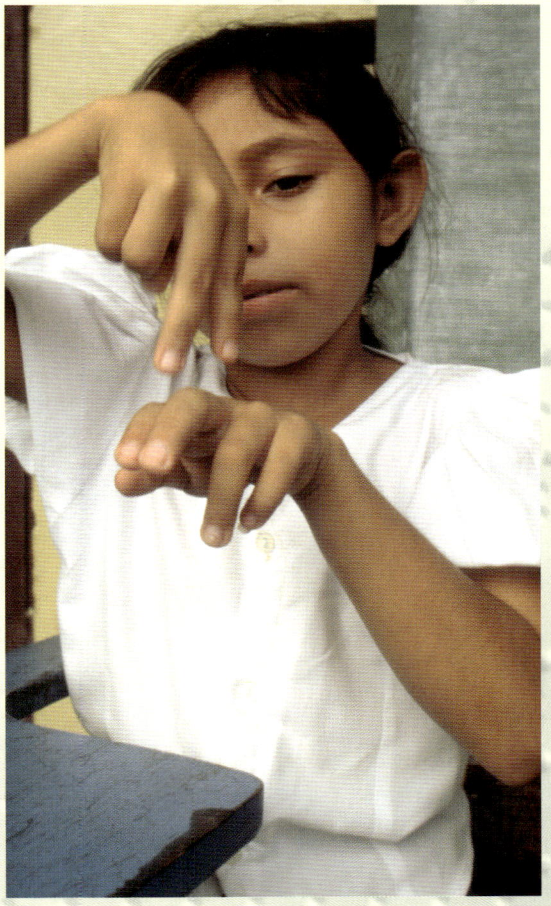

encouragement, compréhension

Comment vit-on avec un handicap ?

Imagine que tu doives te déplacer alors que tes jambes ne fonctionnent pas, ou communiquer alors que tu n'entends pas ou ne vois pas.

- **Les enfants** handicapés sont comme tout le monde, mais certaines parties de leur corps ne fonctionnent pas bien. Les handicapés peuvent mener une vie normale, bien remplie et merveilleuse s'ils reçoivent le bon soutien et des soins appropriés.

- Le principal **problème** qu'affrontent les handicapés est que l'on ne comprend pas toujours leurs besoins. Les laisser parler et écouter ce qu'ils ont à dire, voilà le meilleur moyen de les aider. Ils sont aussi confrontés à un cadre généralement inadapté à leur handicap.

Le handicap peut avoir un effet sur ta vie,

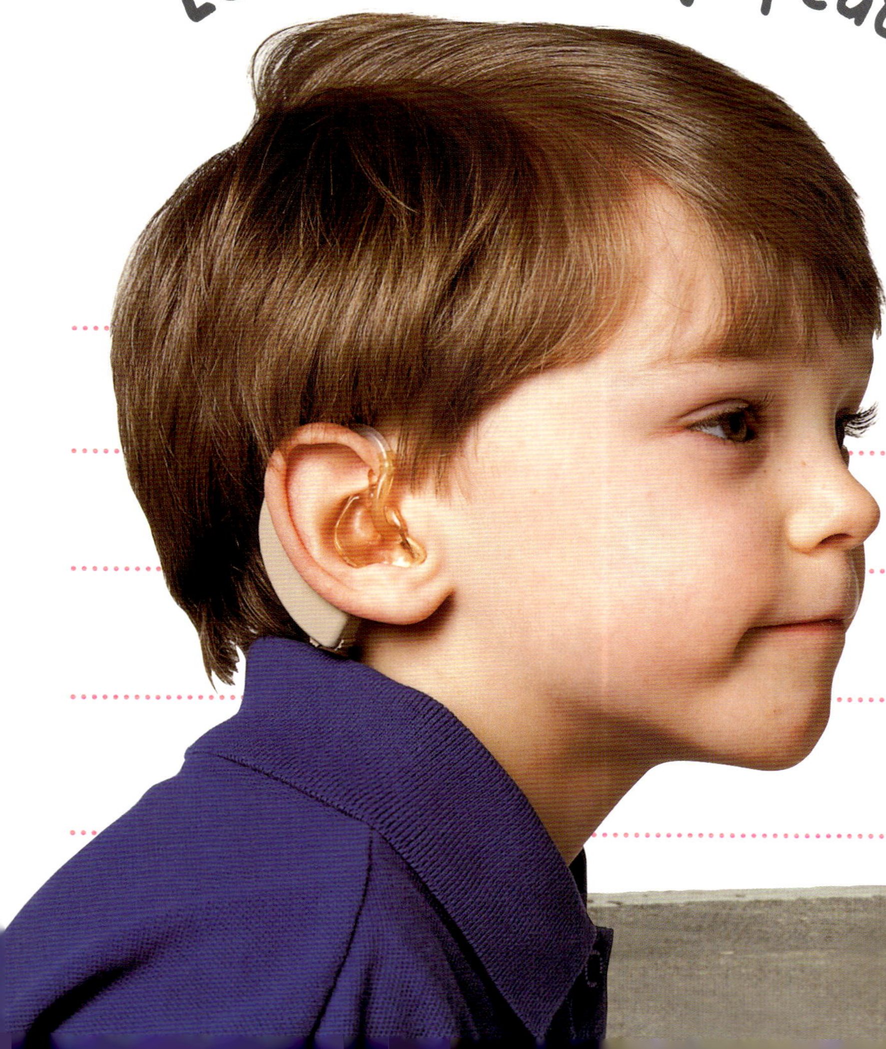

- Les handicapés ont parfois besoin d'être **appareillés**.
- **Formation** et **instruction** aident les handicapés.
- **Chirurgie** et **médicaments** sont utiles.
- Les handicapés veulent être **traités normalement**.

Le handicap peut être…

- Physique – une partie du corps pose problème.
- Mental – certains handicapés ont du mal à réfléchir.
- Visible – comme un membre manquant ou l'incapacité à marcher.
- Invisible – comme la surdité ou la dyslexie.

il peut avoir des causes diverses

- **Certains enfants** naissent handicapés, d'autres le deviennent après un accident.
- **La guerre** handicape certains enfants. Pour d'autres, c'est la maladie.

Ce que tu peux faire si tu veux aider

Sois toujours patient et compréhensif avec ceux qui ont besoin d'aide.

Propose-toi pour aider une personne handicapée.

Ne te moque jamais d'une personne handicapée.

Les **enfants handicapés** ne devraient subir aucune discrimination. Ils devraient avoir accès à la même instruction et aux mêmes emplois que les autres, et avoir la chance de mener une **vie normale**.

ou il peut affecter énormément ta vie.

Ils utilisent un **appareil** auditif ou un **membre artificiel**.

Les non-voyants se déplacent avec un **chien** d'aveugle.

Une **opération** peut réparer un membre abîmé.

Vivre avec un handicap

Avoir un handicap ne veut pas forcément dire que l'on ne peut pas voir, parler, entendre ou marcher – mais cela peut demander un peu plus d'efforts. Si la médecine contribue parfois à atténuer un handicap, la plupart des handicapés font face en se montrant plein de ressources. Comme nous tous, ils aiment qu'on se montre prévenant envers eux.

Cuba Julia avait deux ans quand une infection a altéré sa vue. Elle était presque aveugle lorsqu'une opération au centre hospitalo-universitaire Orbis lui a rendu la vue. Cet hôpital peu banal se trouve à bord d'un avion!

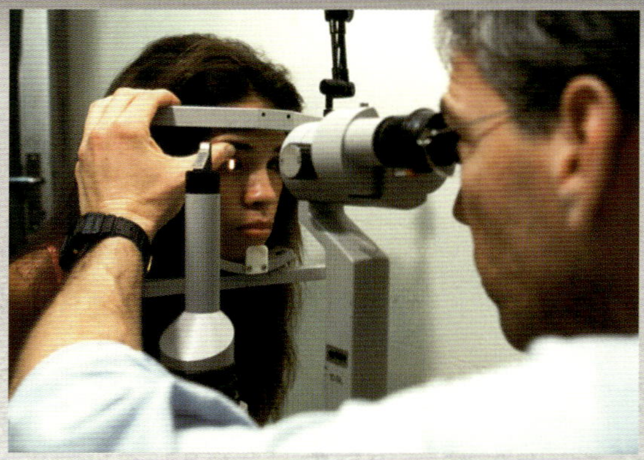

... **L'équipage se compose de bénévoles. Dans chaque pays, ils opèrent en présence de médecins locaux – jusqu'à 50! Ces derniers apprennent ainsi à réaliser les mêmes opérations.**

Jamaïque Cette petite fille ne peut pas marcher, mais elle n'a pas besoin d'aide pour se déplacer. Les roues de de son fauteuil lui permettent d'être mobile en utilisant ses bras.

... Quand une partie du corps pose problème, une autre peut prendre le relais.

Roumanie Cette orthophoniste corrige la prononciation avec un miroir. Les troubles du langage peuvent avoir plusieurs causes. Certains enfants sont malentendants, d'autres ont du mal à contrôler les muscles responsables de la parole, et chez d'autres encore, la zone du cerveau associée au langage est endommagée.

... Aidés et encouragés, les enfants ayant du mal à articuler peuvent s'améliorer et parler avec plus d'assurance.

Nicaragua Les sourds peuvent apprendre la langue des signes pour communiquer entre eux. Ce langage varie d'un pays à l'autre.

... Les sourds peuvent aussi apprendre à lire sur les lèvres. En observant la bouche de leur interlocuteur, ils devinent les mots prononcés.

Serbie-et-Monténégro Burim a perdu ses jambes dans un accident au Kosovo, mais il réapprend à marcher avec des jambes artificielles et un déambulateur. Il espère pouvoir un jour marcher sans aide sur ses nouvelles jambes.

... Les handicapés physiques peuvent faire du sport et s'y surpasser. Les meilleurs athlètes participent aux jeux Paralympiques, de niveau international.

CJ

Quand il avait 5 ans, CJ d'Atlanta, en Géorgie, aux États-Unis, a été renversé par une voiture. Il a dû réapprendre à marcher, à parler et même à manger. Aujourd'hui, malgré un handicap mental, CJ est passionné de football.

SOUTIEN FAMILIAL

La famille de CJ est fière qu'il soit doué pour le sport. Elle l'encourage toujours quand il dispute un match.

« CJ a surmonté beaucoup d'épreuves pour en arriver là. Rien ne le décourage. C'est un enfant merveilleux. » La mère de CJ

RÉTABLISSEMENT

On avait dit aux parents de CJ que leur fils ne les reconnaîtrait pas en sortant du coma, mais il a tout de suite su qui ils étaient.

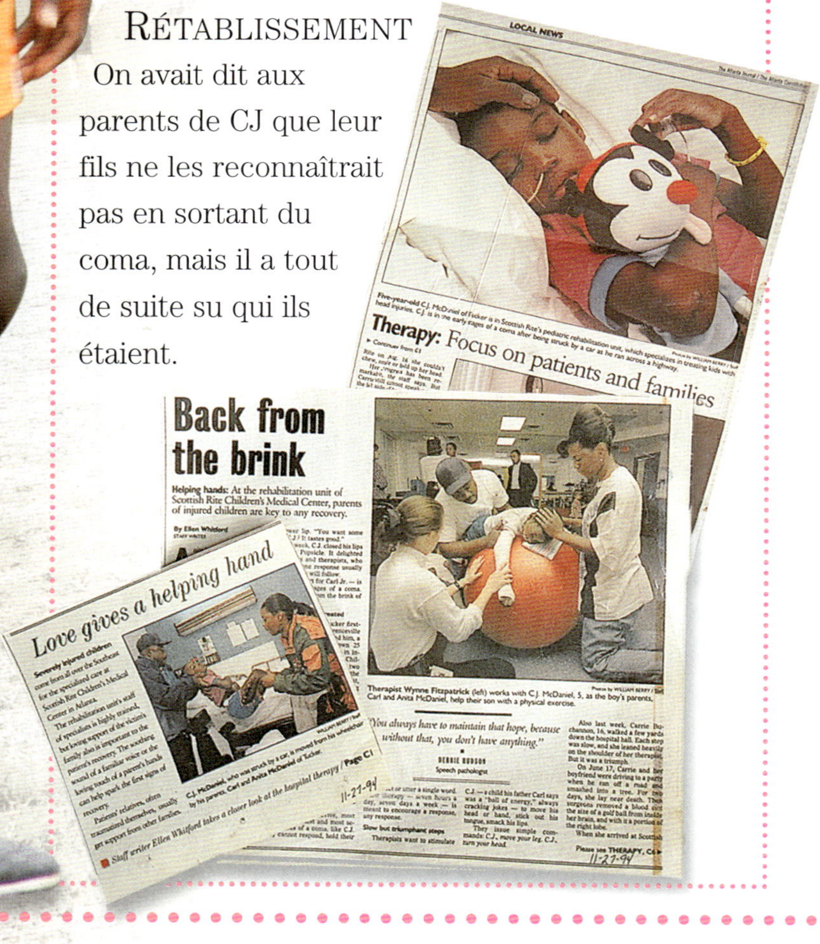

États-Unis

Les États-Unis sont le troisième plus vaste pays du monde, tant par leurs dimensions que par le nombre de leurs habitants.

SPECIAL OLYMPICS

CJ fait du football avec Special Olympics, qui organise des manifestations rassemblant des handicapés mentaux.

« Notre équipe de foot s'appelle les Trickum Tigers. J'aime être défenseur et avoir une chance de shooter. »

FANS DE FOOTBALL

Bien qu'il existe des sports plus populaires, beaucoup d'Américains jouent au football. En 1994, le pays a même accueilli la Coupe du monde.

« Mon équipe compte huit enfants. Nous nous entraînons chaque matin et disputons des tournois contre d'autres enfants. »

Les chaussures de CJ

SONGER AU FUTUR

CJ s'est bien remis de son accident, mais il poursuit sa rééducation à l'hôpital et chez un orthophoniste.

« Je veux être pompier pour aider les gens quand il y a le feu chez eux. »

TROPHÉES

Ces dernières années, CJ a collectionné les trophées de foot, mais aussi de base-ball, de basket-ball et de bowling.

4. Participer

Chaque enfant a droit à une **identité** comprenant son nom, sa nationalité et sa religion.

Participer – verbe 1. Prendre part ou partager avec les autres. 2. S'associer à quelque chose. 3. Recevoir sa part de bénéfices.

Chaque enfant a droit à la liberté d'**expression.**

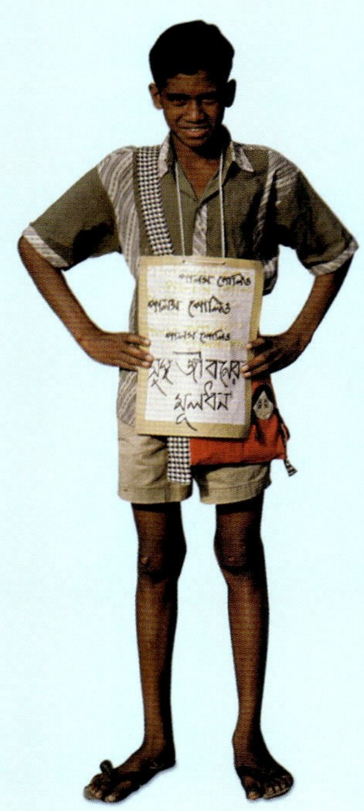

Chaque enfant a le droit de vivre pleinement sa **vie.**

Chaque enfant a droit à une identité

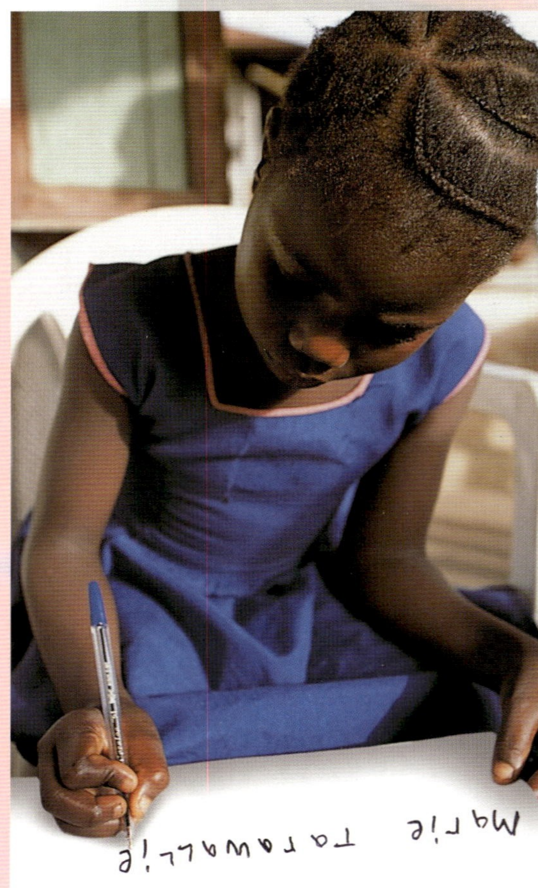

nom, nationalité, religion,

Qui suis-je ?

Chacun a besoin d'appartenir à une communauté.

Certains enfants en sont exclus, car ils n'ont pas de nom ou de nationalité. En ayant un nom, une nationalité et le droit de pratiquer ta religion, tu peux participer pleinement à la vie de ton pays et de ta communauté.

famille, culture, communauté

Qui es-tu ?

Quel est ton nom ? D'où viens-tu ? Quelle religion pratiques-tu ? Nul ne devrait pouvoir t'enlever ton identité.

Ton **prénom** est spécial. Que signifie-t-il pour toi ?

- **Ton prénom** peut signifier quelque chose dans la langue que tu parles ou dans une langue issue de ta religion ou de ta culture.
- **Ton prénom** te relie aux membres de ta famille et de ta communauté, aux vivants comme aux morts.
- **Ton prénom** peut avoir été choisi pour toi par un membre de ta famille ou par le chef de ta communauté.
- **Ton prénom** fait partie de toi. Les gens devraient te respecter en faisant l'effort de le prononcer correctement.

Les gens devraient **être libres**

Il existe beaucoup de religions différentes – judaïsme, christianisme, islam, hindouisme, bouddhisme…

Chaque religion a son propre livre sacré – les juifs ont la Torah, les hindous les Veda et les musulmans le Coran.

Chaque religion a ses propres fêtes – les musulmans célèbrent Aïd-el-Fitr et les bouddhistes Wesak.

Chaque religion a son propre lieu saint – les bouddhistes ont Lhassa, les sikhs Amritsar et les musulmans La Mecque.

Chaque religion a sa propre forme de culte – certains font silence, d'autres récitent des prières ou psalmodient.

Nous sommes tous nés quelque part, alors pourquoi chacun n'a-t-il pas une nationalité ?

- Parfois, **les enfants** ne sont pas déclarés à la naissance parce que leurs parents hésitent à se rendre dans les administrations.
- Parfois, **les gouvernements** privent certains citoyens de leur nationalité. Cela est souvent dû à la guerre.
- Parfois, **les enfants** deviennent des réfugiés à cause de la guerre. Il arrive alors qu'ils doivent vivre dans un autre pays où ils n'ont pas de nationalité.
- Parfois, **les gouvernements** refusent la nationalité aux membres d'un groupe ethnique particulier.

Que peuvent faire les gouvernements ?

Retrouver les enfants non déclarés et leur accorder la nationalité.
Reconnaître que toute personne née dans un pays en est le citoyen.
Aider tous les réfugiés à rentrer chez eux dans de bonnes conditions de vie.

de pratiquer leur religion.

On compte aussi sikhisme, rastafari, zoroastrisme, bahaï, jaïnisme et bien d'autres encore…

Les chrétiens ont la Bible, les sikhs le Guru Granth Sahib et les bouddhistes le Tripitaka.

Les hindous célèbrent Divali, les chrétiens Pâques, les sikhs Baisakhi et les juifs la Pâque.

Chrétiens, juifs et musulmans ont Jérusalem, les hindous ont Bénarès et les catholiques romains ont Rome.

Certains cultes reposent sur la danse, le chant ou la méditation, d'autres ont recours à des aliments spéciaux.

Le choix du prénom

Ton prénom est un élément important de ton identité. Il fait partie de ce que tu es, et c'est notamment par lui que les gens te connaissent. Peux-tu imaginer ce que serait ta vie si tu n'avais pas de nom ? Le prénom des enfants est spécial pour eux et pour leurs parents. Que signifie ton prénom ?

« Bilal est un prénom doux. C'est celui du premier homme qui a appelé à la prière. »

Les parents de **Bilal** voulaient un prénom reflétant sa religion musulmane ; ils l'ont donc appelé Bilal, nom d'un compagnon du prophète Mahomet.

Jasleen et **Ravina** sont amies. En pendjabi, Jasleen signifie « princesse divine » et Ravina « esprit libre et fort ».

« Mes parents ont choisi de m'appeler Ravina parce qu'ils voulaient que je sois forte, avec un esprit libre et du caractère. C'est aussi le nom d'une rivière célèbre. »

Paul Ce prénom signifiait à l'origine « petit ». C'est aussi le nom de l'un des douze apôtres de Jésus.

« Mon prénom ne signifie rien de spécial pour mes parents ; ils trouvaient juste qu'il sonnait bien. »

Junique est un prénom inventé par ses parents et qui signifie « très spéciale ».

« Mon papa trouvait que j'étais unique, alors il a mis un "j" devant unique pour faire Junique. Mes deux parents étaient d'accord pour me donner ce prénom. »

« Mes parents trouvaient que Mark sonnait bien, alors ils m'ont donné ce prénom. »

Marc est un personnage très important dans la Bible. C'était l'un des douze apôtres de Jésus et l'un des quatre évangélistes.

Meena signifie « princesse ». Ses parents l'ont appelée ainsi parce qu'elle était spéciale, comme une princesse.

« J'aime mon prénom. Il me fait me sentir spéciale. »

Meegan est un ancien mot anglais signifiant « fort ». Le second prénom de Meegan est Timothea, qui signifie « honorer Dieu ».

« J'aime mon prénom. Mes parents veulent que je fasse honneur à sa signification. »

Teresa En Chine, le prénom Teresa sonne comme le mot signifiant « heureux ».

« Ma mère m'a appelée Teresa parce qu'elle était très heureuse quand je suis née. »

Haresh est un prénom hindi. La première partie, « har », signifie Dieu.

« Quand j'avais quelques mois, mes parents sont allés au temple et le prêtre a choisi la lettre H. Mes parents m'ont donc donné un prénom commençant par H. »

Nationalité

Peuples et nations sont tous uniques. Avoir une nationalité signifie que tu bénéficies de la protection et des avantages d'un pays. Cela veut aussi dire que tu partages une culture et une histoire avec les autres habitants de ton pays.

Bangladesh Pays jeune, le Bangladesh s'est séparé du Pakistan et a obtenu finalement son indépendance en 1971, après une longue guerre civile.

Ces enfants participent à la campagne « Dites Oui pour les enfants ». Cette dernière vise à soutenir les mesures politiques destinées à améliorer et à protéger la vie des enfants.

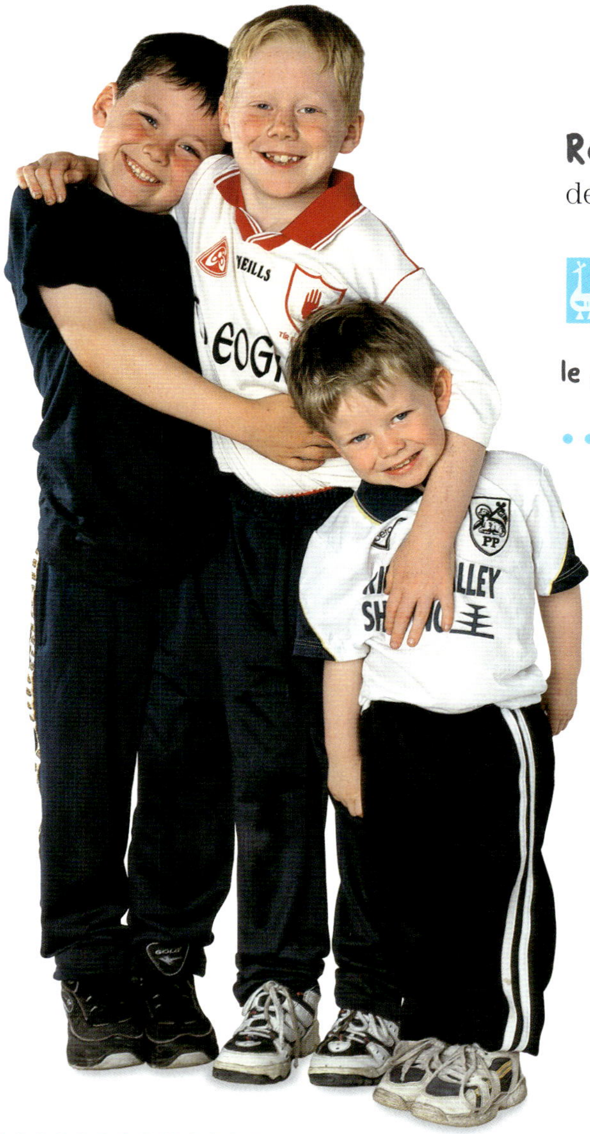

Royaume-Uni En Irlande du Nord, Stephen, Ruairi et Connell sont fiers de leur culture irlandaise et soutiennent leur équipe de football gaélique.

... Le football gaélique est un vieux sport ; les équipes envoient le ballon dans le filet ou par-dessus en le frappant du poing, en le faisant rebondir ou en shootant.

Pérou La plupart des Péruviens sont des Amérindiens, descendants des Incas qui gouvernaient jadis le Pérou.

... Les montagnes péruviennes abritent des millions d'Amérindiens parlant toujours le quechua, langue locale, et observant les anciennes coutumes.

Espagne Uxue habite Santander, capitale de la Cantabrique, petite communauté du nord de l'Espagne. Cette région est très proche des provinces du Pays basque, dont les habitants ont une langue et une culture uniques.

... Le nord de l'Espagne est très différent du sud. La Cantabrique est plus montagneuse et moins ensoleillée. C'est une très belle région.

Afrique du Sud Des personnes très différentes vivent en Afrique du Sud. Ce pays abrite de multiples groupes ethniques, ainsi que des hommes dont parents et grands-parents ont émigré d'Europe et d'Inde.

... L'Afrique du Sud compte 11 langues officielles : 9 langues africaines, ainsi que l'afrikaans et l'anglais, introduits au XIXe siècle par les colons hollandais et britanniques.

Najaha et Abdisukri

Abdisukri et Najaha sont frère et sœur. Leur famille a fui la Somalie et s'est installée aux Pays-Bas. Aujourd'hui, ils aiment se considérer comme des enfants somaliens habitant les Pays-Bas.

Changer de foyer

À l'école, Najaha et Abdisukri jouent avec des enfants de pays très différents. Comme ils étaient petits en quittant la Somalie, ils n'ont eu aucun mal à s'habituer à leur nouvelle vie.

« J'aime les Pays-Bas, mais pas le temps ; il pleut sans arrêt et il fait trop froid ! »

Photos de famille d'Abdisukri et Najaha

Deux langues

Abdisukri et Najaha parlent somali quand ils sont chez eux, en famille, mais la plupart du temps, ils parlent néerlandais (langue des Pays-Bas).

Les Pays-Bas

Les Néerlandais, habitants des Pays-Bas, ont une longue tradition d'accueil des réfugiés et des personnes dans le besoin.

L'amour du jeu

Abdisukri joue au foot près de chez lui, avec le célèbre club de football Willem II.

. . « J'aimerais devenir un jour footballeur professionnel dans le club Willem II comme mon joueur préféré, Jatto Ceesay, qui vient de Gambie. »

Plat orné de versets du Coran

Prières quotidiennes

La famille d'Abdisukri et Najaha est musulmane. Ils prient tous cinq fois par jour. Ils vont aussi ensemble à la mosquée, où ils retrouvent des amis.

Trophée de football d'Abdisukri

. . . « J'adore jouer au foot. Mon entraîneur m'appelle Abdi et dit qu'il est très fier de moi. »

L'heure de l'école

Najaha aime les maths, lire, écrire des histoires… et aller au parc d'attractions! Étudier est important pour elle, car, plus tard, elle veut être avocate.

. . . « Je n'ai pas de meilleure amie. Tous mes amis sont mes meilleurs amis. »

Les livres de classe de Najaha

« Les samosas sont notre plat préféré. »

Plat favori

La famille mange des plats somaliens. Les *samosas* sont de très fines galettes farcies de viande et de légumes, et frites.

Religion

Chaque religion a une signification très spéciale pour celui qui la pratique. C'est pourquoi il est important de n'empêcher personne de suivre sa religion ou sa foi.

Rouleau et main de la Torah (judaïsme)

Moulin à prières (bouddhisme tibétain)

Corée du Sud Yeux fermés pour mieux se concentrer, ces enfants prient durant le catéchisme, dans une vaste église pentecôtiste.

En Corée du Sud, 50 % des habitants environ sont chrétiens et 50 % bouddhistes.

États-Unis Ces enfants chantent dans un chœur. Le gospel est très animé. Souvent, les chanteurs tapent dans leurs mains et se balancent tant ils sont heureux de louer Dieu.

Le gospel est une musique tirant ses racines des chants que les esclaves africains déportés en Amérique chantaient en travaillant.

Birmanie Lors de la cérémonie du *shinbyu,* les garçons entrent dans un monastère pour une courte période. Plus tard, certains décideront de devenir moines.

Croix (christianisme)

Carreau (islam)

Symbole *nishan sahib* (sikhisme)

Dieu Ganesh (hindouisme)

Les garçons sont habillés comme les princes royaux à l'époque des premiers prêtres bouddhistes, il y a plus de deux mille ans. C'est un grand jour pour leurs parents.

Inde Lors d'un rite de passage, on donne aux jeunes garçons une chemise et un cordon sacrés qu'ils porteront toute leur vie. Ce garçon est désormais membre à part entière de la communauté parsi (zoroastrienne).

Ce cordon sacré appelé « kusti » est enroulé trois fois autour de la taille. Il représente trois choses importantes à garder en mémoire – bonnes pensées, bons actes et bonnes paroles.

Une nouvelle vie

La famille d'Eli a mis deux ans à préparer le déménagement. Eli avait peur mais il était aussi curieux de sa nouvelle vie.

Eli

Eli a quitté l'Ouzbékistan (un État de l'ex-Union soviétique aujourd'hui indépendant) pour Israël. Sa famille est juive, mais Eli ne connaissait pas bien sa religion avant de venir vivre en Israël.

Yemin Orde

Beaucoup de camarades d'Eli vivent dans ce village de jeunes, car ils sont venus en Israël sans leurs parents. Ils étudient le judaïsme à l'école et participent aussi à des activités religieuses en dehors des cours. Chaque samedi, ils célèbrent le sabbat, *shabbat* en hébreu.

« Mon école s'appelle Yemin Orde. Je l'ai choisie pour en savoir plus sur le judaïsme. »

Israël

Les juifs du monde entier ont choisi de faire d'Israël leur patrie, bien que des personnes d'autres confessions y vivent aussi.

Des origines différentes

Les jeunes vivant à Yemin Orde viennent de plus de 20 pays différents : Éthiopie, Russie et États de l'ex-URSS, Brésil, Mexique, Colombie, Argentine, Slovaquie, Bosnie-Herzégovine, Roumanie, Maroc, Inde, France, Italie, Grande-Bretagne, Martinique et Israël !

... « C'est très intéressant de rencontrer des jeunes de divers pays. Nous sommes tous juifs, mais nous avons des traditions différentes que nous faisons partager aux autres à Yemin Orde. »

Prière

Il y a une splendide synagogue à Yemin Orde. Pour prier, Eli porte la *kippa* (calotte), le *tallit* (châle) et les *tefillin*, deux petits étuis contenant des versets de la Torah.

Les *tefillin* contiennent des versets de la Torah

... « À l'école, on nous encourage, sans nous forcer, à prier chaque jour. J'adore m'instruire sur ma religion. »

Torah

Eli étudie la Torah – le livre sacré des juifs – en hébreu, mais il s'aide d'une traduction russe pour mieux comprendre.

Torah

Kippa

... « J'aime l'ambiance particulière du sabbat. Je le passe parfois avec ma famille. Nous récitons des formules de bénédiction à la maison, mais je ne vais pas toujours à la synagogue. »

Chaque enfant a droit à la libre

expression

opinions, contribution, respect,

Dire et faire

Montre à quel point tu te sens concerné.

S'exprimer, c'est participer.

Il y a des millions de façons de s'exprimer.

En nous exprimant, nous partageons les choses que nous aimons et n'aimons pas, ce que nous pensons et ressentons. C'est l'occasion d'apprendre des choses sur nous-mêmes et sur les autres.

participation, individualité, apport

Exprime-toi !

Quelles **opinions**, quelles **idées** as-tu ? Penses-tu qu'elles sont importantes ? Eh bien, tu as raison, elles sont importantes. Tes **opinions** et tes **idées** pourraient changer le monde.

● Le monde est un endroit **formidable, amusant, effrayant, joyeux, triste, merveilleux et passionnant...** mais il pourrait être meilleur. Y a-t-il dans ton école, ta ville, ton pays – ou un autre pays – un problème que tu pourrais aider à résoudre ?

● Chacun a le **droit** d'exprimer une opinion ; les adultes, mais aussi les enfants. Les enfants **ne pouvant pas** exprimer leurs opinions peuvent se sentir frustrés de vivre dans un monde qu'ils ne peuvent changer.

De combien de façons peux-tu t'exprimer ?

● Les enfants ont eu leur mot à dire au Sommet mondial pour les enfants qui s'est tenu en mai 2002 au siège de l'ONU. Des enfants du monde entier ont eu la chance d'aborder devant les chefs d'État et de gouvernement les problèmes les touchant.

Agis et aide à construire un monde meilleur en **exprimant tes opinions** et en **participant**.

- **Pense** à une situation que tu voudrais voir s'améliorer, ou à un problème que tu voudrais voir résolu. Que ce soit dans ton école, ta ville ou bien plus loin.
- **Renseigne-toi** sur ce problème et parles-en à tes amis. Tu pourrais entrer en contact avec des groupes qui œuvrent déjà à sa résolution.
- **Réfléchis** à la façon dont tu pourrais aider à résoudre ce problème. Ainsi, tu peux ne pas avoir d'argent, mais inciter les adultes à en donner pour aider.
- **Choisis** une façon d'aider. Ce peut être peu de chose, comme ne pas gaspiller, ou plus ambitieux, comme créer ta propre organisation.

Attirer l'attention des adultes

Conviens d'un moment où parents et enseignants pourront écouter tes préoccupations.

Essaie de citer des faits pour soutenir tes opinions.

Laisse parents et enseignants répondre à ce que tu dis.

Reste calme et traite les gens avec respect.

- **Sois créatif** – dessine, peins, sculpte, prends des photos, filme, écris. Tu peux partager ce que tu fais avec d'autres.
- **Agis** – recycle canettes et bouteilles, ramasse les ordures dans la rue, organise un nettoyage dans ton parc.
- **Parle** – écoute ce que les autres ont à dire et dis-leur ce que tu penses. Essaie de voir les choses différemment.
- **Fais-toi des amis** – chaque fois que tu rencontres quelqu'un, tu peux échanger avec lui des idées nouvelles.
- **Partage** – d'autres enfants peuvent avoir le même problème que toi. Ensemble, vous pourriez le résoudre.

Liberté d'expression

L'homme fait des discours, écrit des histoires, peint des tableaux, compose et interprète des chansons, exécute des danses et joue dans des pièces. Parfois, nous nous exprimons parce que nous avons un sentiment ou une idée forts et que nous voulons les partager. Parfois, nous nous exprimons parce que nous en ressentons le besoin. Quelle qu'en soit la raison, il faut savourer ce mode d'expression et en être fier.

Brésil Ces enfants, membres de l'école de danse EDISCA, discutent du spectacle qu'ils répètent, mettant en scène des personnes vivant dans une décharge. Les enfants de cette troupe viennent eux-mêmes de communautés défavorisées.

Dans une troupe, chacun doit travailler dur. Tandis que cette danseuse exécute un équilibre saisissant de grâce, un autre artiste se donne autant de peine pour la soutenir.

Brésil Diego se tient devant sa fresque représentant Bob Marley, chanteur jamaïcain de reggae. Les artistes travaillent souvent seuls, mais une œuvre imposante comme celle-ci peut nécessiter la participation d'un grand nombre de personnes.

Cette fresque signifie que le travail de Diego peut être vu et apprécié de beaucoup. Elle rend aussi le quartier bien plus coloré.

Botswana Ces adolescentes enregistrent leur discussion sur le sida pour une émission de radio. Le sida est un problème de taille en Afrique et ce programme est un bon moyen d'informer les jeunes sur la maladie.

La libre expression inclut beaux-arts, danse et musique, mais les mots sont aussi importants. Les enfants doivent oser aborder les choses les concernant ou les affectant.

Bolivie Ce jeune garçon apprend à jouer de la guitare, instrument traditionnel des Andes. Les notes sont écrites dans son cahier d'exercices.

Une fois que tu sais jouer d'un instrument, il est très amusant d'essayer de jouer avec d'autres musiciens.

Taralyn

« Je joue du tambour et des percussions pour le chant et la danse traditionnels. Je pense que j'aimerai toujours cela. »

Taralyn va à l'école Chef Leschi près de Seattle, aux États-Unis. C'est la tribu Puyallup qui dirige l'école, mais les élèves viennent de plus de 60 tribus amérindiennes. Ils étudient anglais, maths et bien d'autres matières, et apprennent les différentes traditions tribales.

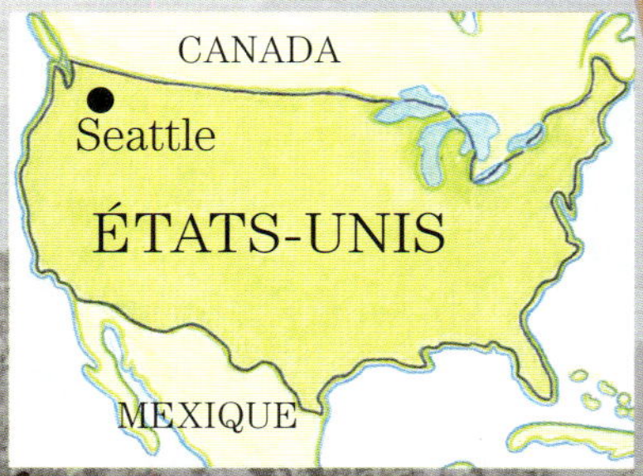

États-Unis
L'Amérique abritait jadis des centaines de tribus indiennes, que les colons européens ont combattues pendant des siècles

Langues
Certains enfants parlent une langue amérindienne, mais les cours sont en anglais.

Terre sacrée
L'école est construite autour d'un cercle de terre sacrée resté intact durant l'édification. Enseignants et élèves ne pénètrent pas dans cette zone, mais nombre de bâtiments donnent sur elle.

« On peut voir le mont Rainier de notre école, et les aigles aiment la survoler. Je pense que cela aussi est spécial. »

LE CERCLE

Chaque jour, le Cercle (« Circle Time ») donne aux enfants l'occasion d'interpréter des chants traditionnels, de jouer du tambour et de découvrir l'une ou l'autre tribu.

« C'est le Cercle que je préfère car il mêle chant, tambour et danse. Parfois, on reçoit des invités et on écoute des légendes. »

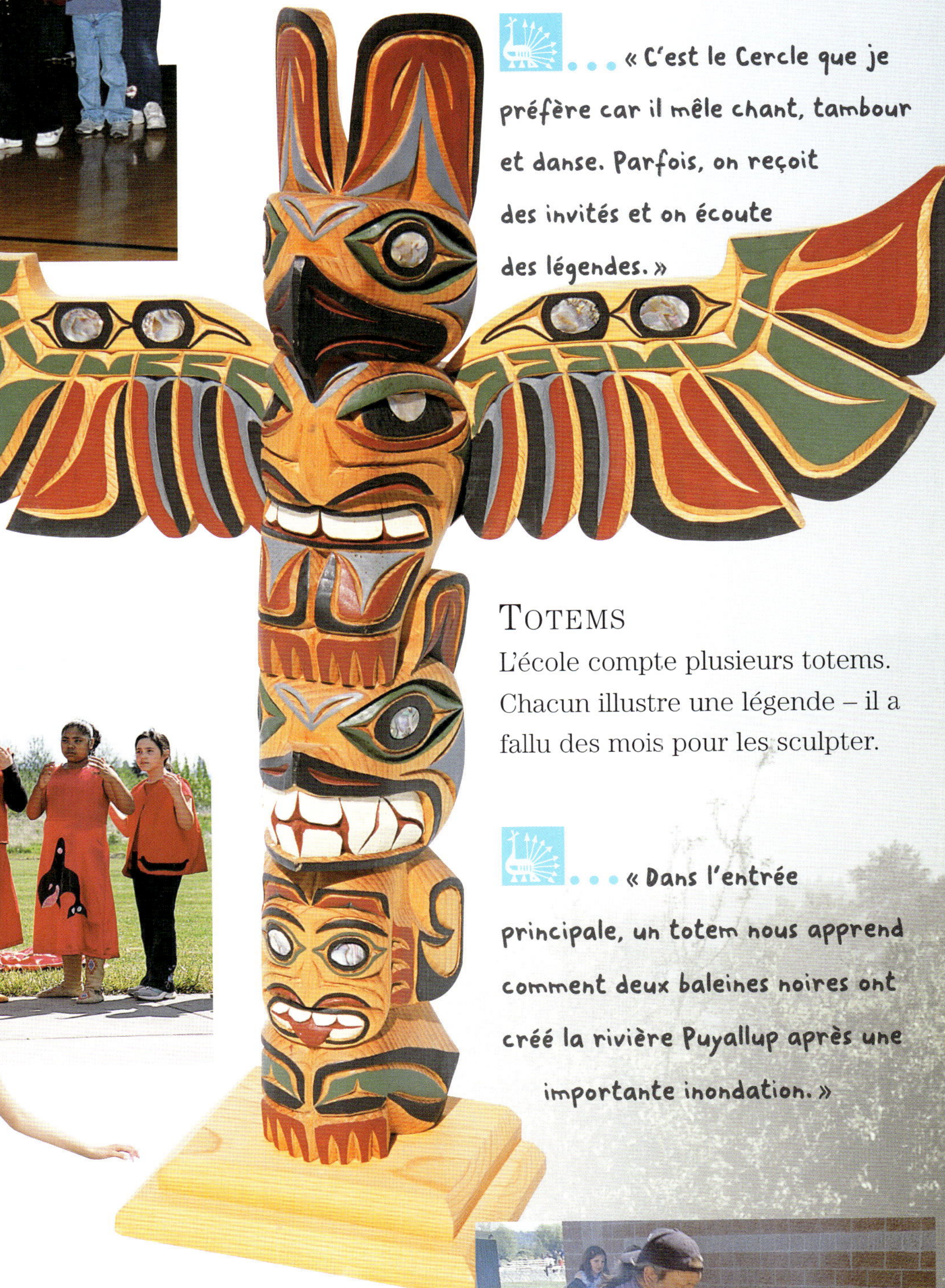

« Les "powwows" sont des rassemblements ne relevant pas de notre tradition historique, mais de celle des tribus des Plaines. Nous y participons quand même. »

JOUR DE FÊTE

L'école célèbre chaque année les traditions amérindiennes lors du « Culture Day ». Les habitants sont invités à entrer dans la danse. Les enfants offrent des cadeaux qu'ils ont confectionnés durant l'année.

TOTEMS

L'école compte plusieurs totems. Chacun illustre une légende – il a fallu des mois pour les sculpter.

« Dans l'entrée principale, un totem nous apprend comment deux baleines noires ont créé la rivière Puyallup après une importante inondation. »

BARBECUE

La tribu Puyallup vivant près des côtes, le saumon était traditionnellement un des aliments de base. Il y a toujours un grand barbecue lors du « Culture Day ».

Chaque enfant mérite une vie

heureuse

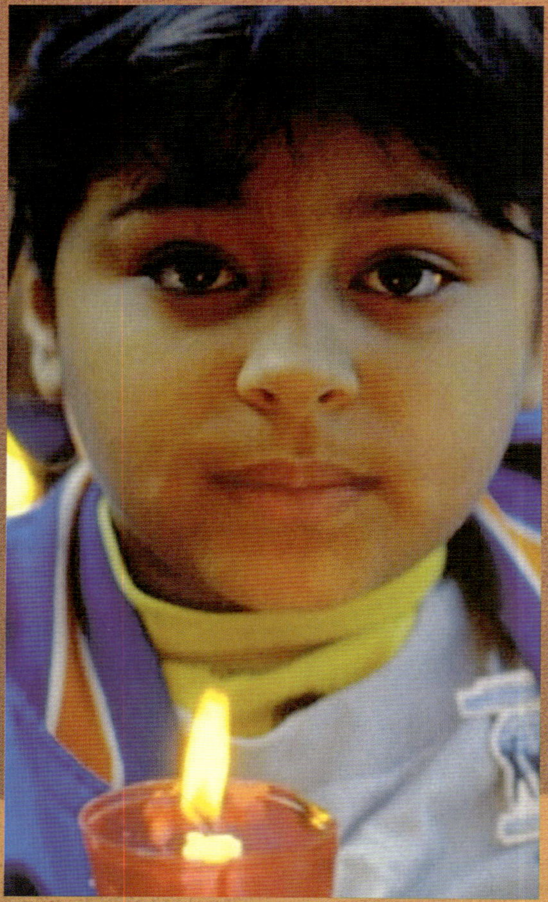

rêves, souhaits, ambitions, buts,

Vise haut !

Ton avenir est entre tes mains.

Tu peux construire un monde meilleur.

Quels sont tes vœux pour l'avenir ?

Aux quatre coins du monde, des enfants comme toi œuvrent pour améliorer leur communauté. Si nous travaillons ensemble, nous pouvons créer un monde où chacun mènera une vie heureuse.

réussite, espoir, bonheur

Sibasish

L'Organisation mondiale de la santé (OMS), l'Unicef et d'autres partenaires tentent d'éradiquer la polio. Sibasish est chef d'équipe d'un projet informant les habitants des bidonvilles de Calcutta en Inde sur la maladie et les incitant à vacciner leurs enfants.

La polio tue

Très contagieuse, la polio touche surtout les enfants des pauvres de moins de 5 ans. Elle se transmet par la nourriture ou l'eau. Elle débute par les mêmes symptômes que la grippe, mais entraîne parfois la paralysie et, rarement, la mort.

« Nous arpentons les rues avec des affiches. La mienne dit : "Fais-toi vacciner et mène une vie heureuse." Nous jouons de la musique et chantons pour faire passer le message. »

Vaccin antipolio

Porte-à-porte

Sibasish parle de la polio et invite les gens à conduire leurs enfants à la Journée de vaccination. La plupart sont très heureux d'être protégés contre la maladie et il n'en faut pas plus pour les persuader.

Inde

Plus de 1 milliard de personnes vivent en Inde, deuxième pays le plus peuplé du monde après la Chine. Le climat varie du régime de la mousson au Sud au climat tempéré au Nord.

« Nous faisons campagne trois fois par semaine auprès des familles ayant des enfants de moins de 5 ans. Nous leur parlons de l'importance de la vaccination antipolio. »

CAMPAGNE ANTIPOLIO

C'est un privilège de prendre part à la campagne. Les enfants suivent une formation. En plus de s'informer sur la polio, ces militants apprennent à être des communicants et des chefs doués.

« Parfois, nous allons chez des gens de mauvaise humeur qui nous mettent à la porte. Nous n'abandonnons pas. Nous revenons un ou deux jours plus tard, une fois qu'ils sont calmés, et nous leur parlons de la polio. »

Sac de campagne

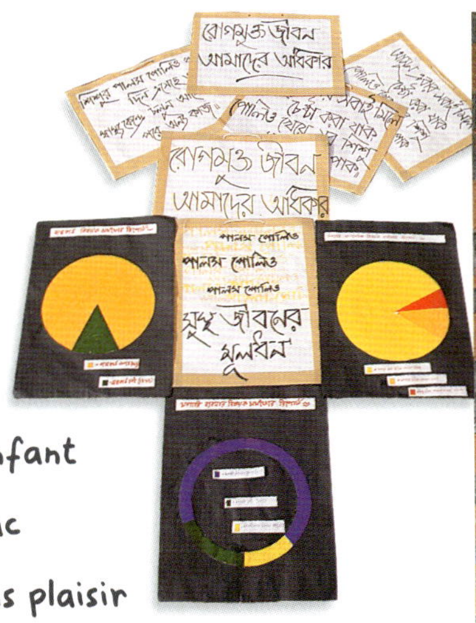

Des graphiques colorés

« Chaque enfant militant reçoit un sac spécial. Nous prenons plaisir à fabriquer les graphiques et les affiches que nous rangeons dans ce sac et utilisons en campagne. »

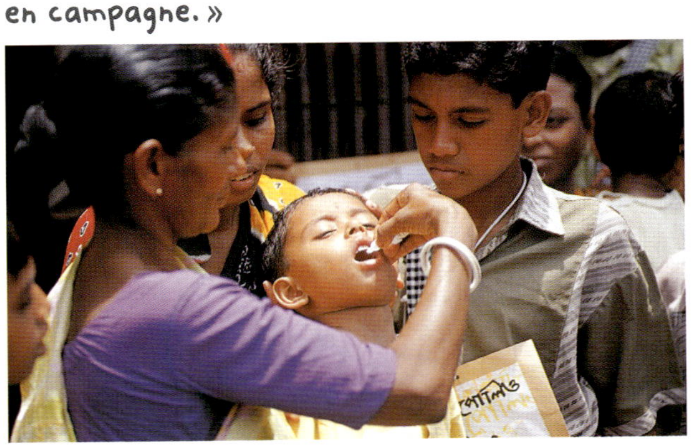

JOURNÉE DE VACCINATION

Les efforts sont payants lors de la Journée de vaccination. Les militants font un dernier passage pour s'assurer que les parents viendront bien faire vacciner leurs enfants.

« Nous voulons un monde sans polio. »

« Je veux faire le bien des autres êtres humains et offrir un avenir meilleur à chaque enfant. »

PRENDRE LE VACCIN

Cet agent de santé administre le vaccin à un enfant. Il s'agit habituellement de deux gouttes déposées sur la langue. Pour une efficacité totale, il faut quatre doses séparées.

Mayerly

Mayerly est l'une des responsables du Mouvement des enfants pour la paix en Colombie – la réponse des enfants à la violence dans leur pays. Le Mouvement a été nommé trois fois pour le prix Nobel de la paix.

Colombie

La guerre civile ravage la Colombie depuis plus de 40 ans, bouleversant la vie de millions d'enfants.

UN MOUVEMENT POUR LA PAIX

Le Mouvement des enfants pour la paix a vu le jour lorsque Mayerly a été invitée à la réunion d'enfants de différentes organisations. Son meilleur ami, Milton, venait d'être tué dans un combat opposant des bandes de jeunes. Les enfants ont décidé qu'il fallait mettre fin à la violence.

« Nous en avons assez de la violence. Nous avons le droit de ne pas avoir peur de sortir. »

APPRENDRE LA PAIX

Le symbole du Mouvement des enfants pour la paix est cette main blanche présente sur livres, tee-shirts et banderoles. L'organisation compte plus de 100 000 enfants. Ils jouent et se soutiennent, plutôt que d'intégrer des bandes violentes et d'être impliqués dans des trafics de drogue et d'armes.

« La main blanche signifie non à la violence. »

BÂTISSEURS DE PAIX

Le Mouvement pense que les enfants de Colombie ont droit à la vie, à la paix, à l'amour et à la sécurité pour leur famille et eux-mêmes. Des manifestations comme celles-ci ont aidé le gouvernement à interdire l'enrôlement de jeunes de moins de 18 ans dans l'armée colombienne.

Cette banderole proclame : « Je suis un bâtisseur de paix » – la colombe de la paix vole au-dessus du drapeau colombien.

LA MÈRE DE MAYERLY

Les parents de Mayerly craignaient que son engagement dans le Mouvement lui attire des ennuis. Maintenant, ils sont très fiers de leur fille.

« Nous convainquons les enfants de nos écoles et les gens de nos quartiers que c'est la voie d'un avenir meilleur. Nul ne peut tuer 10 millions de Colombiens qui parlent de la paix. »

« Nous bâtissons la paix par le jeu et l'amitié. »

Index

A
Accueil, famille d' 69, 70
Adultes 28, 59, 67, 117
Affection 66-73, 91
Afghanistan 14, 38, 54-55
Afrique 39, 48, 77, 119
Afrique du Sud 52-53, 60, 107
Agriculture 21, 24, 62-63, 78, 79, 89
Albanie 87
Aliment de base 22, 33, 121
Alimentation 20-21, 37, 38, 41, 43
Amérindien 120-121
Ami 73, 76, 117
Amour et attention 66-73
Angola 40, 87
Apartheid 52
Apprendre et jouer 44-45
Asie du Sud-Est
Asthme 42-43
Australie 51, 62-63

B
Bangladesh 23, 41, 50, 80-81, 106
Basque, Pays 107
Bidonville 28, 80-81, 124
Birmanie 110-111
Blessure 28, 84, 85
Bolivie 119
Botswana 60, 119
Brésil 77, 118, 119
Burundi 70

C
Catastrophe naturelle 29
Cécité 93, 94
Chine 30, 38, 41, 71
Chômage 29
Colombie 126-127
Communauté 84, 101, 102
Corée du Nord 50
Corée du Sud 110
Créativité 59, 61, 117
Crime 79
Croissance 20, 21
Cuba 61, 94
Cuisine 24, 25, 29, 33, 68

D
Déforestation 21
Désert 13, 29
Déshydratation 39
Diarrhée 13, 39
Discrimination 93
Droit 44, 46-47, 48, 56, 84, 98-99, 100-101, 114, 116

E
Eau 10-17, 28, 38, 41
École 31, 33, 47-55, 73, 77, 89, 109, 120-121
Écologique, problème 21
Eczéma 42
Éducation 39, 40, 44, 46-55, 62, 68, 78, 79, 92
voir aussi École
Énergie 20, 21, 59
Enfant des rues 49, 51, 69, 79
Enfant-soldat 83, 85, 86
Enseignant 33, 39, 49
Équateur 78
Espace 35, 59
Espagne 107
États-Unis 49, 96-97, 110, 120-121
Europe 49
Exercice 42-43, 57
Expression, libre 114-121

F-G
Faim 20, 21, 50, 85
Famille 68-71, 84, 102
Fête religieuse 102-103
Fille 20, 48, 49, 54, 77
Finlande 71
Football 55, 61, 63, 96, 97, 107, 109
Formation 25, 51, 92
Foyer 26-35, 68, 85
Fruits et légumes 25, 41
Fugueur 29, 49, 69
Gouvernement 21, 40, 50, 54, 69, 103, 127
Grotte 30
Guerre 21, 29, 58, 69, 82-89, 103, 126

H
Handicap 49, 72, 90-97
Hollande, *voir* Pays-Bas
Hongkong 29
Hôpital 37, 40, 94
House-boat 29, 30
Hutte 32
Hygiène 14, 37

I-J-K
Identité 100-113
Illettrisme 46, 48, 54
Imagination 57, 58, 61
Inde 15, 41, 111, 124-125
Inondation 13, 21, 29
Intimité 45, 59
Irak 79
Irlande du Nord 107
Israël 112-113
Jamaïque 15, 95
Jeu 33, 34, 44, 55, 56-63, 76, 77, 85, 89
Jouet 57, 59, 61, 63, 73
Juif 110, 112-113
Kenya 51, 61, 77
Kosovo 72-73, 87, 95

L
Langue 53, 57, 95, 108, 120
Laos 16-17, 31, 39
Laver (se) 12, 29, 38, 41
Lesotho 70
Lessive 13, 17, 31
Loi 78
Loisirs 59

M
Maïs 23
Maison 28, 31, 34
Maladie 6,13, 20, 21, 29, 37, 38, 39, 59, 85, 93
Malnutrition 20, 39
Mauritanie 79
Médecin 37, 38-40, 94
Médicament 37, 92
Mexique 77
Mine antipersonnel 85, 87
Mort 6,13, 38, 41, 69, 84, 85
Mouvement des enfants pour la paix 126-127
Mozambique 23
Musique et danse 118-121

N
Nationalité 103, 106-107
Nations unies 34, 86, 116
Nicaragua 95
Nom 101, 102, 104-105
Nomade 32-33
Nourriture 12, 18-25, 33, 35, 43, 68, 109, 121

O
Opération 92, 93, 94
Opinion 116-117
Ordures 28, 38
Organisation mondiale de la santé (OMS) 41, 124
Orphelin 24-25, 39, 49, 51, 69, 70, 79
Orthophonie 95, 97

P
Paix 126-127
Pakistan 71
Palestine, *voir* territoires palestiniens occupés
Paludisme 39
Paralympiques, jeux 95
Parler 117, 119
Partage 117
Participer 98-99, 117
Pauvreté 21, 29, 48, 49, 50, 69, 76, 77, 80
Pays-Bas 15, 108-109
Pêche 21, 22, 30
Pérou 61, 107
Philippines 61
Polio 41, 124-125
Pollution 13, 28, 58
Pompe 14, 16-17

R
Réfugié 29, 34-35, 85, 87, 103, 108-109
Religion 101, 102-103, 109, 110-111
Réunir les familles 69, 86, 87
Rougeole 38, 39
Roumanie 95
Royaume-Uni 22, 31, 42-43, 71, 79
Rwanda 24-25, 31, 87

S
Salaire 76, 77
Sanitaires 12, 17, 28, 29, 38
Sans-abri 28, 29, 69, 85
Santé 36-43, 48, 77, 124-125
Santé mentale 84, 85, 87, 93
Sécheresse 14, 21, 29, 50
Sécurité 64-65
Serbie-et-Monténégro 72-73, 87
Sida 39, 69, 119
Sierra Leone 88-89
Somalie 108
Sommet mondial pour les enfants de l'ONU 116
Soudan 32-33, 86
Soutien 66-73
Special Olympics 97
Sport 57, 59, 95, 96-97
Surdité 93, 95
Survie 8-9

T
Territoires palestiniens occupés 34-35
Thaïlande 29
Toilettes, *voir* Sanitaires
Traumatisme 87
Travail 6, 49, 50, 58, 69, 74-81
Travail domestique 77, 79
Troupeau 32-33
Tunisie 29
Turquie 30

U-V-Y-Z
Unicef 40, 41, 5l, 54, 55, 69, 86, 87, 124
Vaccination 37, 38, 39, 41, 124-125
Vaccination, Journée de 124-125
Vie 122-127
Vietnam 22
Violence 29, 69, 85, 126-127
Vitamines et minéraux 20, 41
Yougoslavie 95
Zambie 41

Remerciements

Dorling Kindersley tient à remercier :

Tous les enfants ayant participé à ce livre, ainsi que leurs parents, en particulier : Anita McDaniel, Jacqueline Mliswa et Raili Jones.

Les membres de l'Unicef, ceux des Comités nationaux de l'Unicef dans tous les pays visités et les personnes travaillant avec eux, en particulier : Sara Cameron, Siddharth Dube, Hirut Gebre-Egziabher, Patricia Lone, Jan Mun, Tina Omari, Hashi Roberts, Ellen Tolmie, Nicole Toutounji (New York) ; Chulho Hyun (Afghanistan) ; Naseem-Ur Rehman (Bangladesh) ; Rochita Talukdar (Inde) ; Susan Aitkin (Laos) ; Bert Tielemans (Pays-Bas) ; Monica Awad (Territoires palestiniens occupés) ; Cyriaque Ngoboka (Rwanda) ; Donald Robertshaw (Sierra Leone) ; Nance Webber (Soudan) ; Andy Bool (R.-U.) ; Patrick Fruchet (Serbie-et-Monténégro).

Les écoles, les enseignants et les organisations lui ayant prêté main-forte, en particulier : Deborah Allen, Tami Cooper, Erika Hope (Chief Leschi School) ; Laura Buller (US consultant) ; Tony Ackerman (Ellerton School) ; Michelle Berriedale-Johnson (Allergy Action) ; Lewsey Park Pool (R.-U.) ; Planet Ice (R.-U.) ; Sharon Knight (Wilbury Junior School, Letchworth, R.-U.) ; Lisa Leblanc (Special Olympics, Géorgie, É.-U.) ; Sacha Kamau et Zoe Horner (The Travel Company, Londres) ; Tamsin Maunder (WaterAid) ; Chaim Peri, Susan Weijel (Yemin Orde, Israël) ; Cristina et Alex Zampalo.

Toute l'équipe Dorling Kindersley, en particulier : Jacqueline Gooden, Tory Gordon-Harris, Cheryl Telfer (maquette) ; Abbie Collinson (cartographie) ; Penny Arlon, Caroline Bingham, Simon Holland, Rebecca Knowles, Cynthia O'Neill (édition) ; Jane Oliver-Jedrzejak ; Jenny Cavill, Kristen L'huede, Mariza O'Keeffe (administration) ; David Roberts (cartographie) ; Alex Kirkham (license) ; Sarah Mills, Gemma Woodward, Hayley Smith, Claire Bowers (iconographie de DK) ; Rosie Adams (DK Australie) ; Shuka Jain, Kiran Mohan (iconographie, DK Inde).

Chris Bernstein (index) ; Lorrie Mack (relecture).

Les photographes : Shome Basu (Inde), Andy Crawford (Pays-Bas, Espagne, R.-U., É.-U.), Jim Holmes (Laos), Roger Lemoyne (Israël, Territoires palestiniens occupés), Leon Mead (Australie), Shehzad Noorani (Bangladesh, Soudan, Serbie-et-Monténégro), Rod Shone (R.-U.), Jon Spaull (Rwanda, Sierra Leone), Asad Zaidi (Afghanistan).

L'éditeur voudrait remercier les personnes et agences l'ayant aimablement autorisé à reproduire leurs photographies :

b = bas ; c = centre ; g = gauche ; d = droite ; h = haut.

Andes Press Agency : 56bg, 57bg, 75bc, 90bg, 90bd, 114bc ; Lisa Payne 107hd ; Carlos Reyes-Manzo 60hd, 100bg ; **Art Directors & TRIP** : 30bg ; H Rogers 111hc ; **John Birdsall Photo Library** : 71cg ; Corbis : 30-31, 51hd, 74bd, 77, 84hd, 90, 91bg, 103hd, 110bg, 115bc ; Abbie Enoch 30bc ; Owen Franken 19c ; Julie Houck 39bc ; Richard Hutchings 22hd ; Joel W Rogers 39bd ; Michael S Yamashita 18bd ; **Jane Cumberbatch** : 45hd, 46bd ; **Earth Images** : 12hd ; **Getty Images** : 69hd, 90c ; **Getty Images News Service** : 68hg, 82-83, 100-101 ; Don Smetzer 93bd ; **Glasgow Museum** : 103bc ; **Hutchison Library** : 71hd, 71cd ; **Images Of Africa Photobank** : 30bg ; **Impact Photos** : 122-123 ; **Jewish Museum** : 110hd ; **Joods Historisch Museum** : 102bd ; **Magnum** : 4hc, 4hd, 5hd, 8hd, 23hc, 23hd, 23hd, 30bc, 44hg, 44hd, 44hcg, 44hcd, 45hg, 45hcg, 46bg, 46bc, 47bg, 47bc, 56bc, 56bd, 57bc, 57bd, 64hg, 64hc, 66bg, 66bc, 66bd, 67bg, 67bc, 70cd, 74bc, 75bg, 75bd, 76hg, 83bc, 91bd, 94hd, 94cd, 94bd, 94g, 95bg, 100bc, 101bg, 101bd, 110cg, 110-111, 111cd ; Daniel Alan Harvey 98hc1, 114bd ; Steve Moss 122bd ; **Masterfile UK** : 66-7 ; **Network Photographers Ltd.** : Jenny Matthews 67bd ; **Panos Pictures** : 71bg ; **Pictorial Press Ltd** : 65hcg ; **Pictor International** : 11bd, 58, 74-5, 91bc ; **Powell Cotton Museum** : 102bg ; **Powerstock Photolibrary** : 18-19 ; **Save the Children** : 19bg ; Neil Cooper 47bd ; **Science Photo Library** : 38-9 ; **Still Pictures** : 87c ; Shehzad Noorani 10bg, 10bd ; Hirimui Schwarzbach 10bc ; **Peter Stone** : 65hd ; © **Unicef** : Blid Alsbirk 15d, 95bd ; Cindy Andrew 18c ; Patricio Baeza 119bd ; Alejandro Balaguer 61bg, 76cd ; David Barbour 61bd ; Liza Barrie 93hg ; Radhika Chalasani 87bd, 123d ; Franck Charton 64hd, 74g ; John Chiasson 122g ; Stephanie Colvey 41cg ; Donna DeCesare 6bc, 99bd, 126c, 127bd ; Lauren Goodsmith 64chg, 79cg, 79bg ; Jeremy Horner 50cg, 50bg, 78c, 98hd, 115d, 126bd, 127hg, 127hd, 127c, 127cd, 127bg ; Altaf Hossain 106c ; Roger Lemoyne 14c, 14g, 22bg, 30hd, 30bd, 36c, 36g, 37d, 39bd, 41bc, 65hg, 82g, 82c, 82d, 83g, 95c, garde-arrière g ; Stevie Mann 65hc, 86c, 86h, 86bg, 86bd ; Susan Markisz 116bc ; Ruby Mera 98hcd, 114bg ; Shehzad Noorani 9hd, 41ch, 50hd, 50bd, 61hg ; Giacomo Pirozzi 8hg, 8hcg, 8hcd, 9hc, 11g, 23d, 28hd, 40g, 41cd, 51d, 60bc, 61cd, 70bg, 79bg, 85hd, 87h, 99hd, 101c, 107bd, 115bd, 119bg ; Betty Press 87cg ; Nicole Toutounji 83d, 84bc, 85bc ; Claudio Versiani 99hcg, 99hcd, 118c, 118hd, 119hg.

Couverture (dans les bandeaux, les photos sont repérées de gauche à droite) : **Corbis** : 4e plat bandeau haut 2e photo ; **Getty Images** : 1er plat bandeau haut 1ère photo ; 4e plat bas ; © **Panos Pictures** : 4e plat centre ; **Magnum** : 1er plat bg, bandeau haut 2e photo, 3e photo, 5e photo, 7e photo ; 4e plat bandeau haut 1ère photo, 5e photo ; © **Unicef** : Roger Lemoyne, 1er plat bc, cd ; John Chiasson, 4e plat bandeau haut 7e photo ; Ruby Mera, 4e plat bandeau haut 4e photo ; Donna DeCesare, 4e plat bandeau haut 3e photo ; Radhika Chalasani, 1er plat bandeau haut 6e photo.